Richard Krüger

Lehrbuch des Rechnens mit imaginaren und komplexen Zahlen

1

Richard Krüger

Lehrbuch des Rechnens mit imaginaren und komplexen Zahlen

ISBN/EAN: 9783744674720

Hergestellt in Europa, USA, Kanada, Australien, Japan

Cover: Foto ©Andreas Hilbeck / pixelio.de

Weitere Bücher finden Sie auf **www.hansebooks.com**

Lehrbuch

des

Rechnens mit imaginären und komplexen Zahlen.

Mit 221 Erklärungen und 38 in den Text gedruckten Figuren.

Mit einer

Sammlung von 269 gelösten und ungelösten analogen Aufgaben

nebst den

Resultaten der ungelösten Aufgaben und einem Formelverzeichnis.

Für das Selbstudium und zum Gebrauche an Lehranstalten

bearbeitet von

Richard Krüger.

Stuttgart.
Verlag von Julius Maier.
1891.

Druck der Stuttgarter Vereins-Buchdruckerei.

Vorwort.

Zum Verständnis des vorliegenden, das Rechnen mit imaginären und komplexen Zahlen behandelnden Werkes ist die Bekanntschaft mit den Elementen der Algebra (einschliesslich der Gleichungen vom ersten Grade und der Potenz- und Wurzelrechnung), sowie der Planimetrie, der ebenen Trigonometrie (Goniometrie) und der Logarithmenrechnung erforderlich.

Nach den Erfahrungen, welche ich mir während einer elfjährigen Thätigkeit als Lehrer der Mathematik an technischen Lehranstalten erworben habe, bereiten die imaginären und komplexen Zahlen dem Studierenden meistens grosse Schwierigkeiten. Da aber die Geläufigkeit im Rechnen mit diesen Zahlen das Studium der Integralrechnung, der Auflösung der Gleichungen höheren Grades u. s. w. sehr erleichtert, so kann dem Anfänger nicht dringend genug empfohlen werden, sich diese Fertigkeit anzueignen, bevor er sich dem Studium der höheren Mathematik zuwendet.

Das vorliegende Buch ist dazu bestimmt, den Studierenden mit den wichtigsten Gesetzen und Formeln für das Rechnen mit imaginären und komplexen Zahlen und ihren Anwendungen vertraut zu machen. In demselben habe ich zunächst den Faktor i erklärt, sodann die Beziehungen zwischen der positiven und der negativen imaginären Einheit gezeigt, und darauf die Regeln für das Rechnen mit imaginären Zahlen entwickelt. Ich bin dann übergegangen zu der Erklärung der komplexen Zahlen und habe in dem hierauf folgenden Abschnitte das Rechnen mit diesen Zahlen gelehrt. Die sich anschliessende graphische und trigonometrische Darstellung der imaginären und komplexen Zahlen bildet die Einleitung zum graphischen und trigonometrischen Rechnen. Ich hatte erst die Absicht, beide Rechnungsarten in gesonderten Abschnitten zu behandeln, gab dies aber auf, weil zahlreiche Wiederholungen notwendig geworden wären; auch erschien mir eine Vereinigung beider Rechnungsarten schon deswegen für vorteilhafter, weil bei den Uebungsaufgaben die eine Methode zur Kontrolle der anderen benutzt werden konnte.

Auf das graphische und trigonometrische Radizieren folgt die Auflösung der binomischen Gleichungen, weil die Wurzeln dieser Gleichungen den Werten der n ten Wurzeln aus ± 1 entsprechen.

Im nächsten Abschnitte habe ich die Beziehungen zwischen den Potenzen von Sinus und Cosinus eines Winkels und dem Sinus und Cosinus vom Vielfachen dieses Winkels gezeigt; ich glaubte sie in meinem Werke nicht unerörtert lassen zu dürfen, weil die sich hieraus ergebenden Formeln für die Integralrechnung Bedeutung haben.

Die wichtige Exponentialreihe und einige ihrer Anwendungen auf die in diesem Buche behandelten Probleme bilden das Schlusskapitel.

Alle Werke, welche ich bei meiner Arbeit benutzt habe, sind im „Litteratur-Verzeichnis" von mir aufgeführt worden.

Ich bin eifrig bemüht gewesen, die Fragen möglichst leicht verständlich zu beantworten, die Gesetze eingehend zu beweisen, die Formeln unter Angabe aller in Betracht kommenden Regeln ausführlich zu entwickeln und die Anwendung derselben durch zahlreiche, vollständig gelöste Uebungsaufgaben genügend zu erläutern. Und so gebe ich mich der Hoffnung hin, dass ein grosser Kreis junger Mathematiker mein Werk auch ohne weitere Anleitung wird mit Nutzen studieren können.

Möge meine Arbeit beim Publikum und bei der Kritik eine wohlwollende Aufnahme finden und Gutes stiften!

Schliesslich halte ich es für meine Pflicht, an dieser Stelle meinem Herrn Verleger für die gute Ausstattung dieses Buches und Herrn Dr. phil. A. Kleyer für seine freundliche Unterstützung meinen verbindlichsten Dank auszusprechen.

Ottweiler, im April 1891.

Richard Krüger.

Inhaltsverzeichnis.

Die imaginären und komplexen Zahlen.

Seite

A. Ueber die imaginären Zahlen 1
  1) Ueber die imaginären Zahlen und deren Einheiten im allgemeinen   2
    a) Gelöste Aufgaben 5
    b) Ungelöste Aufgaben 5
  2) Ueber die imaginären Einheiten im besonderen 5
    a) Gelöste Aufgaben 9
    b) Ungelöste Aufgaben 11
  3) Ueber das Rechnen mit imaginären Zahlen 11
    a) Ueber das Addieren und Subtrahieren 12
      α) Gelöste Aufgaben 13
      β) Ungelöste Aufgaben 15
    b) Ueber das Multiplizieren 16
      α) Gelöste Aufgaben 17
      β) Ungelöste Aufgaben 20
    c) Ueber das Dividieren 21
      α) Gelöste Aufgaben 22
      β) Ungelöste Aufgaben 25
    d) Ueber das Potenzieren 25
      α) Gelöste Aufgaben 28
      β) Ungelöste Aufgaben 31

B. Ueber die komplexen Zahlen 32
  1) Ueber die komplexen Zahlen im allgemeinen 32
  2) Ueber die komplexen Zahlen im besonderen 33
  3) Ueber das Rechnen mit komplexen Zahlen 35
    a) Ueber das Addieren und Subtrahieren 35
      α) Gelöste Aufgaben 37
      β) Ungelöste Aufgaben 40
    b) Ueber das Multiplizieren 41
      α) Gelöste Aufgaben 43
      β) Ungelöste Aufgaben 46
    c) Ueber das Dividieren 47
      α) Gelöste Aufgaben 50
      β) Ungelöste Aufgaben 55
    d) Ueber das Potenzieren 55
      α) Gelöste Aufgaben 58
      β) Ungelöste Aufgaben 62
    e) Ueber die Quadratwurzel 62
      α) Gelöste Aufgaben 64
      β) Ungelöste Aufgaben 69

C. Ueber die graphische und trigonometrische Darstellung der imaginären und komplexen Zahlen 70
  1) Ueber die graphische Darstellung der imaginären und komplexen Zahlen 70
    a) Ueber die graphische Darstellung der imaginären Einheit 70
    b) Ueber die graphische Darstellung der komplexen Zahlen 72
      α) Gelöste Aufgaben 76
      β) Ungelöste Aufgaben 76

Inhaltsverzeichnis.

2) Ueber die trigonometrische Darstellung der imaginären und komplexen Zahlen 76
  α) Gelöste Aufgaben 80
  β) Ungelöste Aufgaben 81

D. Ueber das graphische und trigonometrische Rechnen mit imaginären und komplexen Zahlen 82
  1) Ueber das graphische und trigonometrische Addieren und Subtrahieren 82
    α) Gelöste Aufgaben 84
    β) Ungelöste Aufgaben 88
  2) Ueber das graphische und trigonometrische Multiplizieren .. 89
    α) Gelöste Aufgaben 95
    β) Ungelöste Aufgaben 98
  3) Ueber das graphische und trigonometrische Dividieren 98
    α) Gelöste Aufgaben 107
    β) Ungelöste Aufgaben 111
  4) Ueber das graphische und trigonometrische Potenzieren 111
    α) Gelöste Aufgaben 114
    β) Ungelöste Aufgaben 116
  5) Ueber das trigonometrische und graphische Radizieren 117
    a) Ueber das trigonometrische Radizieren 117
      α) Gelöste Aufgaben 122
      β) Ungelöste Aufgaben 130
    b) Ueber das graphische Radizieren 130
      α) Gelöste Aufgabe 131
      β) Ungelöste Aufgabe 132
    c) Ueber die Auflösung der binomischen Gleichungen 133
      α) Gelöste Aufgaben 134
      β) Ungelöste Aufgabe 136

E. Ueber die Beziehungen zwischen den Potenzen von Sinus und Cosinus eines Winkels und dem Sinus und Cosinus vom Vielfachen dieses Winkels 136
  a) Ueber die Darstellung der Potenzen von Sinus und Cosinus eines Winkels durch Sinus und Cosinus vom Vielfachen dieses Winkels 136
    α) Gelöste Aufgaben 143
    β) Ungelöste Aufgaben 145
  b) Ueber die Darstellung des Sinus und Cosinus vom Vielfachen eines Winkels durch Potenzen des Sinus und Cosinus vom einfachen Winkel 145
    α) Gelöste Aufgaben 147
    β) Ungelöste Aufgaben 149

F. Ueber die Exponentialreihe und einige Anwendungen derselben auf die vorliegenden Probleme 150
  a) Ueber die Exponentialreihe im allgemeinen 150
  b) Ueber die Berechnung von i^i 152
  c) Ueber die Darstellung von $l(a+bi)$ 152
  d) Ueber die Darstellung von $\cos nq$ und $\sin nq$ durch Exponentialreihen . 153

Anhang.

A. Verzeichnis der Resultate der ungelösten Aufgaben 156
B. Formelverzeichnis 163
C. Litteratur-Verzeichnis 166
D. Druckfehler-Berichtigung 166

884. Heft.   Preis des Heftes   Das Rechnen mit imaginären und komplexen Zahlen. Seite 1—16.

Vollständig gelöste
Aufgaben-Sammlung
— nebst Anhängen ungelöster Aufgaben, für den Schul- & Selbstunterricht —
mit
Angabe und Entwicklung der benutzten Sätze, Formeln, Regeln, in Fragen und Antworten
erläutert durch
viele Holzschnitte & lithograph. Tafeln,
aus allen Zweigen
der Rechenkunst, der niederen (Algebra, Planimetrie, Stereometrie, ebenen u. sphärischen Trigonometrie, synthetischen Geometrie etc.) u. höheren Mathematik (höhere Analysis, Differential- u. Integral-Rechnung, analytische Geometrie der Ebene u. des Raumes etc.); — aus allen Zweigen der Physik, Mechanik, Graphostatik, Chemie, Geodäsie, Nautik, mathemat. Geographie, Astronomie; des Maschinen-, Strassen-, Eisenbahn-, Wasser-, Brücken- u. Hochbau's; der Konstruktionslehren als: darstell. Geometrie, Polar- u. Parallel-Perspektive, Schattenkonstruktionen etc. etc.
für
Schüler, Studierende, Kandidaten, Lehrer, Techniker jeder Art, Militärs etc.
zum einzig richtigen und erfolgreichen
Studium, zur Forthülfe bei Schularbeiten und zur **rationellen Verwertung**
der exakten Wissenschaften,
herausgegeben von
Dr. Adolph Kleyer,
Mathematiker, vereideter königl. preuss. Feldmesser, vereideter grossh. hessischer Geometer I. Klasse
in Frankfurt a. M.
unter Mitwirkung der bewährtesten Kräfte.

Das Rechnen mit imaginären und komplexen Zahlen.
Nach System Kleyer bearbeitet von **Rich. Krüger.**
Seite 1—16.
Inhalt:
Die imaginären und komplexen Zahlen. — Ueber die imaginären Zahlen. — Ueber die imaginären Zahlen und deren Einheiten im allgemeinen. — Gelöste Aufgaben. — Ungelöste Aufgaben. — Ueber die imaginären Einheiten im besonderen. — Gelöste Aufgaben. — Ungelöste Aufgaben. — Ueber das Rechnen mit imaginären Zahlen. — Ueber das Addieren und Subtrahieren. — Gelöste Aufgaben. — Ungelöste Aufgaben. — Ueber das Multiplizieren.

Stuttgart 1891.
Verlag von Julius Maier.

Preisgekrönt in Frankfurt a. M. 1881.

PROSPEKT.

Dieses Werk, welchem kein ähnliches zur Seite steht, erscheint monatlich in 3—4 Heften zu dem billigen Preise von 25 ₰ pro Heft und bringt eine Sammlung der wichtigsten und praktischsten Aufgaben aus dem Gesamtgebiete der Mathematik, Physik, Mechanik, math. Geographie, Astronomie, des Maschinen-, Strassen-, Eisenbahn-, Brücken- und Hochbaues, des konstruktiven Zeichnens etc. etc. und zwar in vollständig gelöster Form, mit vielen Figuren, Erklärungen nebst Angabe und Entwickelung der benutzten Sätze, Formeln, Regeln in Fragen mit Antworten etc., so dass die Lösung jedermann verständlich sein kann, bezw. wird, wenn eine grössere Anzahl der Hefte erschienen ist, da dieselben sich in ihrer Gesamtheit ergänzen und alsdann auch alle Teile der reinen und angewandten Mathematik — nach besonderen selbständigen Kapiteln angeordnet — vorliegen.

Fast jedem Hefte ist ein Anhang von ungelösten Aufgaben beigegeben, welche der eigenen Lösung (in analoger Form wie die bezüglichen gelösten Aufgaben) des Studierenden überlassen bleiben, und zugleich von den Herren Lehrern für den Schulunterricht benutzt werden können. Die Lösungen hierzu werden später in besonderen Heften für die Hand des Lehrers erscheinen. Am Schlusse eines jeden Kapitels gelangen: Titelblatt, Inhaltsverzeichnis, Berichtigungen und erläuternde Erklärungen über das betreffende Kapitel zur Ausgabe.

Das Werk behandelt zunächst den Hauptbestandteil des mathematisch-naturwissenschaftlichen Unterrichtsplanes folgender Schulen: Realschulen I. und II. Ordn., gleichberechtigten höheren Bürgerschulen, Privatschulen, Gymnasien, Realgymnasien, Progymnasien, Schullehrer-Seminaren, Polytechniken, Technikan, Baugewerkschulen, Gewerbeschulen, Handelsschulen, techn. Vorbereitungsschulen aller Arten, gewerblichen Fortbildungsschulen, Akademien, Universitäten, Land- und Forstwissenschaftsschulen, Militärschulen, Vorbereitungs-Anstalten aller Arten als z. B. für das Einjährig-Freiwillige- und Offiziers-Examen etc.

Die Schüler, Studierenden und Kandidaten der mathematischen, technischen und naturwissenschaftlichen Fächer werden durch diese, Schritt für Schritt gelöste, Aufgabensammlung immerwährend an ihre in der Schule erworbenen oder nur gehörten Theorien etc. erinnert und wird ihnen hiermit der Weg zum unfehlbaren Auffinden der Lösungen derjenigen Aufgaben gezeigt, welche sie bei ihren Prüfungen zu lösen haben, zugleich aber auch die überaus grosse Fruchtbarkeit der mathematischen Wissenschaften vorgeführt.

Dem Lehrer soll mit dieser Aufgabensammlung eine kräftige Stütze für den Schul-Unterricht geboten werden, indem zur Erlernung des praktischen Teils der mathematischen Disciplinen — zum Auflösen von Aufgaben — in den meisten Schulen oft keine Zeit erübrigt werden kann, hiermit aber dem Schüler bei seinen häuslichen Arbeiten eine vollständige Anleitung in die Hände gegeben wird, entsprechende Aufgaben zu lösen, die gehabten Regeln, Formeln, Sätze etc. anzuwenden und praktisch zu verwerten. Lust, Liebe und Verständnis für den Schulunterricht wird dadurch erhalten und belebt werden.

Den Ingenieuren, Architekten, Technikern und Fachgenossen aller Art, Militärs etc. etc. soll diese Sammlung zur Auffrischung der erworbenen und vielleicht vergessenen mathematischen Kenntnisse dienen und zugleich durch ihre praktischen in allen Berufszweigen vorkommenden Anwendungen einem toten Kapital lebendige Kraft verleihen und somit den Antrieb zu weiteren praktischen Verwertungen und weiteren Forschungen geben.

Alle Buchhandlungen nehmen Bestellungen entgegen. Wichtige und praktische Aufgaben werden mit Dank von der Redaktion entgegengenommen und mit Angabe der Na ebreitet. — Wünsche, Fragen etc., welche die Redaktion betreffen, nimmt der Verfa*
Kleyer, Frankfurt a. M., Fischerfeldstrasse 16, entgegen, und wird deren Erle*'

Die imaginären und komplexen Zahlen.

Anmerkung 1. Die allgemeine Arithmetik ist die Lehre von den Zahlen und deren Formen und Verhältnissen. Von den verschiedenen Arten der Zahlen sind die sogenannten imaginären (und die aus ihnen hervorgegangenen komplexen) Zahlen für alle Teile der Mathematik von der grössten Wichtigkeit. Es bedurfte grosser Anstrengungen der bedeutendsten Mathematiker — wir nennen: d'Alembert, Bernoulli, Euler, Moivre, Gauss —, um dies zum allgemeinen Bewusstsein der mathematischen Gelehrtenwelt zu bringen. Die meisten Mathematiker des vorigen Jahrhunderts erkannten nicht die hohe Bedeutung der imaginären Zahlen, sie verwarfen sie, weil sie mit den sogenannten reellen Zahlen begrifflich nicht in Beziehung gebracht, durch sie nicht dargestellt werden konnten. Sie glaubten, dass, wenn eine Lösung auf imaginäre Zahlen führe, dies lediglich die Unmöglichkeit desjenigen Problems andeute, auf welches sich die betreffende Lösung beziehe. Ja, als Gauss bereits eine streng wissenschaftlich begründete Theorie der imaginären Zahlen veröffentlicht hatte (1831), gab es noch immer hervorragende Mathematiker, wie z. B. Cauchy, welche diesen Zahlen jede Existenzberechtigung absprachen.

Es erging also den imaginären Zahlen ähnlich wie zwei Jahrhunderte vorher den negativen Zahlen, welche anfänglich nicht als Differenzen mit grösserem Subtrahendus anerkannt wurden. Mit diesen, sowie mit den irrationalen Zahlen und den rationalen Brüchen sind die imaginären Zahlen jedoch zum mindesten auf eine gleiche Stufe zu stellen.

Dass man die imaginären Zahlen, welche bei der Auflösung der Gleichungen vom dritten und vierten Grade Berücksichtigung gefunden hatten, so lange Zeit „aus einem falschen Gesichtspunkte betrachtet und eine geheimnisvolle Dunkelheit bei ihnen gefunden hat", schreibt Gauss grösstenteils der „wenig schicklichen Bezeichnung" zu. Hätte man die imaginäre Einheit (vergl. Antwort auf Frage 2) z. B. „laterale Einheit" genannt, so hätte — nach seiner Ansicht — von einer solchen Dunkelheit kaum die Rede sein können.[1]

[1] Siehe das Litteraturverzeichnis am Schlusse dieses Werkes.

Anmerkung 2. Die hohe Bedeutung, welche die imaginären und komplexen Zahlen für die Entwickelung mathematischer Gesetze und besonders für die algebraischen Gleichungen höheren Grades besitzen, wird der Studierende dieses Werkes zur Genüge kennen lernen. Er wird finden, dass die ausgezeichneten Eigenschaften dieser Zahlen es oft ermöglichen, grosse, sich bei der Rechnung einstellende Schwierigkeiten zu überwinden und schneller als auf jedem anderen Wege zur Entdeckung neuer Wahrheiten zu gelangen.

Deswegen ist diesen Zahlen in dieser Encyklopädie ein besonderer Band — der vorliegende — gewidmet worden.

A. Ueber die imaginären Zahlen.

Anmerkung 3. Zum Verständnis der in diesem Teile vorgeführten Formelentwickelungen und Berechnungen sind diejenigen Kenntnisse der Algebra — besonders der Gleichungen vom ersten Grade und der Potenz- und Wurzelrechnung — erforderlich, welche durch das Studium der in dieser Encyklopädie erschienenen Lehrbücher der **Gleichungen des ersten Grades mit einer Unbekannten**, bezw. der **Potenzen und Wurzeln** erworben werden können.

1) Ueber die imaginären Zahlen und deren Einheiten im allgemeinen.

Frage 1. Was versteht man unter **imaginären Zahlen im engeren Sinne**, was im **weiteren Sinne**, und auf welche Weise werden solche Zahlen dargestellt?

Antwort. Zahlen (und nur solche), die in die zweite Potenz erhoben eine negative Zahl ergeben, heissen **imaginäre Zahlen im engeren Sinne**. Dargestellt wird eine solche Zahl durch das Symbol:

$$\sqrt{-a}$$

Denn nach dem gegebenen Kriterium ist:

$$(\sqrt{-a})^2 = -a \quad \text{(siehe Erkl. 5)}$$

Zahlen (und nur solche), die in eine gerade (z. B. $n$te) Potenz erhoben eine negative Zahl ergeben, heissen **imaginäre Zahlen im weiteren Sinne**. Dargestellt wird eine solche Zahl durch das Symbol:

$$\sqrt[n]{-a}$$

Denn nach dem gegebenen Kriterium ist:

$$(\sqrt[n]{-a})^n = -a$$

Erkl. 1. Das Wort „imaginär" stammt von dem lateinischen Worte imago (Bild) und bedeutet: „nur in der Einbildung beruhend" oder auch „unmöglich". — Es wurde zuerst von Descartes (Géom. III) als Prädikat der Wurzeln von Gleichungen angewendet.

Erkl. 2. Das Wort „Symbol" (griech.) bedeutet: „Zeichen" oder „Sinnbild".

Erkl. 3. Das Wort „Kriterium" (griech.) bedeutet: „Kennzeichen".

Erkl. 4. - Die Definition (Erklärung) der Wurzelausziehung ist im Folgenden gegeben:
   „Aus einer Zahl a die $n$te Wurzel ausziehen, heisst, eine dritte Zahl b bilden, welche zur $n$ten Potenz erhoben die Zahl a hervorbringt."

In Zeichen:
$$\sqrt[n]{a} = b$$
wenn:
$$b^n = a \text{ ist.}$$

Erkl. 5. Ein Satz aus der Wurzellehre lautet:
   „Potenziert man eine Wurzel auf den Grad ihres Wurzelexponenten, so hebt sich die Wurzel gegen die Potenz und man erhält den Radikandus."

In Zeichen:
$$(\sqrt[n]{a})^n = a$$

Z. B.:
$$(\sqrt{+25})^2 = +25$$

denn:
$$(\sqrt{+25})^2 = (\pm 5)^2 = +25$$

Erkl. 6. Die imaginäre Zahl im engeren Sinne $(\sqrt{-a})$ wird auch „imaginäre Quadratwurzel" genannt.

Erkl. 7. Aus der Definition der Wurzel (siehe Erkl. 4) ergeben sich folgende Sätze:

1) Jede gerade Wurzel aus einer positiven Zahl ist biform (siehe Erkl. 7a), nämlich positiv und negativ, denn nicht nur die positive, sondern auch die negative Zahl gibt zu einer geraden Potenz erhoben ein positives Produkt. — So ist z. B. $\sqrt{+36} = +6$ und $= -6$, weil sowohl $(+6)^2$ als auch $(-6)^2$ den Radikandus $+36$ hervorbringt.

Dargestellt wird dieses Gesetz durch:
$$\sqrt[2n]{+(a^{2n})} = +a \text{ und } = -a$$

2) Jede ungerade Wurzel aus einer negativen Zahl ist nur eindeutig, nämlich nur negativ, denn nur eine negative Zahl gibt zu einer ungeraden Potenz erhoben ein negatives Produkt. — So ist z. B. $\sqrt[3]{-125} = -5$, weil nur $(-5)^3 = -125$ ist.

Dargestellt wird dieses Gesetz durch:
$$\sqrt[2n+1]{-(a^{2n+1})} = -a$$

3) Eine gerade Wurzel aus einer negativen Zahl gibt weder eine positive noch eine negative Zahl. — So ist z. B. $\sqrt{-81}$ weder $+9$ noch -9, weil $(+9)^2$ und $(-9)^2$ nicht $= -81$ sind. Ueberhaupt gibt es in dem ganzen Gebiete der sogenannten reellen Zahlen (siehe Erkl. 11) keine positive oder negative, ganze oder gebrochene Zahl, deren Quadrat eine negative Zahl ist. Die Unmöglichkeit, unter den reellen Zahlen eine zu finden, welche z. B. $\sqrt{-81}$ vollständig entspricht, führte auf die in der Antwort auf Frage 1 gegebene Definition der imaginären Zahlen.

Erkl. 7a. Das Wort „biform" (auch „biformis") stammt vom Lateinischen bis (zweimal) und forma (die Gestalt) und bedeutet also „zweigestaltig" oder „doppeldeutig".

Frage 2. Was versteht man unter den Einheiten der imaginären Zahlen und auf welche Weise gelangt man zu denselben?

Erkl. 8. Ein Satz aus der Wurzellehre lautet:
„Eine Wurzel wird radiziert, indem man die Wurzelexponenten mit einander multipliziert."

In Zeichen:
$$\sqrt[m]{\sqrt[n]{a}} = \sqrt[m \cdot n]{a}$$

Umgekehrt ist:
$$\sqrt[m \cdot n]{a} = \sqrt[m]{\sqrt[n]{a}}$$

Antwort. Unter den imaginären Einheiten versteht man die Symbole:
$$+\sqrt{-1} \text{ und } -\sqrt{-1}$$

Man gelangt zu denselben mit Hilfe der in den Erkl. 8 und 9 aufgeführten Sätze, indem man eine, allgemein durch $\sqrt[2n]{-a}$ dargestellte, imaginäre Zahl umformt, wie folgt:
$$\sqrt[2n]{-a} = \sqrt[n]{\sqrt{-a}} \text{ (nach Erkl. 8)}$$

Erkl. 9. Ein Satz aus der Wurzellehre lautet:
 „Ein Produkt wird radiziert, indem man jeden einzelnen Faktor radiziert."
In Zeichen:
$$\sqrt[n]{a \cdot b} = \sqrt[n]{a} \cdot \sqrt[n]{b}$$
Umgekehrt ist auch:
$$\sqrt[n]{a} \cdot \sqrt[n]{b} = \sqrt[n]{a \cdot b}$$

Erkl. 10. Bei einer durch $\sqrt[2]{-a}$ dargestellten imaginären Zahl hat man stets zu unterscheiden, ob $+\sqrt[2]{-a}$ oder $-\sqrt[2]{-a}$ gemeint ist, ob sie also positiv oder negativ sein soll.

Erkl. 11. Die Einführung der imaginären Zahlen führte zur Bezeichnung aller übrigen Zahlen als reelle (oder auch reale, wirkliche). Man versteht also unter reellen Zahlen alle die durch Multiplikation und Division aus $+1$ und -1 abgeleiteten Zahlen. Die Reihe der reellen Zahlen und die der imaginären haben nur die Null gemeinschaftlich.

Erkl. 12. Das Wort „absolut" stammt aus dem Lateinischen und bedeutet „abgelöst". In der Mathematik ist die absolute Zahl eine Zahl ohne Rücksicht auf das sie begleitende Zeichen. Die Zahlen $+5, -5, +5i, -5i$ haben sämtlich den absoluten Wert 5.

Erkl. 13. Lässt sich eine Wurzel durch eine ganze Zahl oder durch einen Bruch genau ausdrücken, so heisst sie rational, andernfalls irrational. Die Irrationalzahl ist demnach eine Zahl, welche sich nicht mehr als Bruch zweier ganzer Zahlen darstellen lässt.

Erkl. 14. Das ganze Zahlengebiet zerfällt in:
1) reelle Zahlen;
   a) rationale Zahlen;
      α) ganze Zahlen;
      β) gebrochene Zahlen;
   b) irrationale Zahlen;
2) imaginäre Zahlen.

Letztere sind an sich weder rational, noch irrational, sie können aber, wie die reellen Zahlen, positiv oder negativ sein.

und
$$\sqrt[2]{-a} = \sqrt[2]{a \cdot (-1)} = \sqrt[2]{a} \cdot \sqrt[2]{-1}$$
(nach Erkl. 9)

Da nun $\sqrt[2]{a}$ eine reelle Zahl (siehe Erkl. 11) ist — aus welchem Grunde auch in dem Ausdrucke $\sqrt[2]{a} \cdot \sqrt[2]{-1}$ der Faktor $\sqrt[2]{a}$ „reeller Faktor" genannt wird — und diese reelle Zahl sowohl positiv als auch negativ ist, so erhält man:
$$\sqrt[2]{-a} = +r \cdot \sqrt[2]{-1} \text{ bezw. } = -r \cdot \sqrt[2]{-1}$$
oder:
$$\sqrt[2]{-a} = r \cdot (+\sqrt[2]{-1}) \text{ bezw. } = r \cdot (-\sqrt[2]{-1})$$
wenn der aus dem reellen Faktor resultierende absolute Wert mit r bezeichnet wird. Hieraus ergibt sich der Satz:

„Jede imaginäre Zahl ist gleich einem Produkte aus einem reellen und einem imaginären Faktor."

Der reelle Faktor stellt eine rationale oder eine irrationale Zahl (siehe Erkl. 13) dar, der imaginäre Faktor die imaginäre Einheit (siehe die Aufgaben 1 bis 4).

Frage 3. Welche kürzere Bezeichnung ist für die Symbole $+\sqrt{-1}$ und $-\sqrt{-1}$ in die Wissenschaft eingeführt worden?

Antwort. Die imaginäre Einheit $\pm\sqrt{-1}$ wird nach Gauss (Disquisitiones arithmeticae, Sect. VII, Art. 337) mit dem ersten Buchstaben des Wortes „imaginär" bezeichnet.

Man schreibt also für:
$$\pm \sqrt{-1} = \pm i$$
$$\sqrt{-a^2} = \sqrt{a^2 \cdot i} = \pm a \cdot i$$

a) Gelöste Aufgaben.

Aufgabe 1. Man scheide aus $\sqrt[2]{-25}$ die imaginäre Einheit aus und bestimme, ob der reelle Faktor rational oder irrational ist.

Auflösung. Man erhält (nach Antwort auf Frage 2):
$$\sqrt[2]{-25} = \sqrt[2]{25 \cdot (-1)} = \sqrt[2]{25} \cdot \sqrt[2]{-1} = \pm 5i$$
Der reelle Faktor dieser imaginären Zahl gibt demnach eine rationale Zahl (siehe Erkl. 13).

Aufgabe 2. Man stelle $\sqrt[2]{-6}$ als ein Produkt aus einem reellen und einem imaginären Faktor dar und bestimme, ob ersterer rational oder irrational ist.

Auflösung. Nach der Antwort auf die Frage 2 erhält man:
$$\sqrt[2]{-6} = \sqrt[2]{6 \cdot (-1)} = \sqrt[2]{6} \cdot \sqrt[2]{-1}$$
$$= \pm 2{,}44949 \cdots i$$
Der reelle Faktor gibt also hier eine Irrationalzahl (siehe Erkl. 13).

b) Ungelöste Aufgaben.

Aufgabe 3. Man scheide aus $\sqrt[2]{-121}$ die imaginäre Einheit aus und bestimme, ob der reelle Faktor rational oder irrational ist.

Auflösung analog der Auflösung von Aufgabe 1.

Aufgabe 4. Man stelle $\sqrt[2]{-5}$ als ein Produkt aus einem reellen und einem imaginären Faktor dar und bestimme, ob ersterer rational oder irrational ist.

Auflösung analog der Auflösung von Aufgabe 2.

2) Ueber die imaginären Einheiten im besonderen.

Frage 4. Welche Beziehungen bestehen zwischen der positiven und der negativen imaginären Einheit, und auf welche Weise lässt sich die Richtigkeit der Behauptungen darthun?

Antwort. Zwischen der positiven und der negativen imaginären Einheit bestehen folgende Beziehungen:

a) $-i = \dfrac{1}{+i}$

Erkl. 15. Zwei Zahlen heissen „reciprok", wenn ihr Produkt $= 1$ ist. Es ist z. B. a das Reciproke von $\frac{1}{a}$, weil $a \cdot \frac{1}{a} = 1$ ist.

Das Wort „reciprok" (lat.) bedeutet „gegenseitig", „wechselseitig", auch „umgekehrt".

Erkl. 16. Ein Satz aus der Lehre von den Gleichungen lautet:
„Eine Gleichung bleibt richtig, wenn man mit beiden Seiten derselben die gleiche Rechnung vornimmt, z. B. beide Seiten mit derselben Zahl multipliziert, beide Seiten zur gleichen Potenz erhebt, aus beiden Seiten die gleiche Wurzel zieht."

Erkl. 17. Wird ein Bruch mit seinem Nenner multipliziert, so erhält man seinen Zähler.

Erkl. 18. Der Bruch zweier Zahlen ist negativ, wenn Zähler und Nenner ungleiche Vorzeichen haben.

Erkl. 18 a. Zwei Zahlen mit gleichen Vorzeichen geben ein positives, mit ungleichen ein negatives Produkt.

in Worten:
„Die negative imaginäre Einheit ist gleich dem Reciproken (siehe Erkl. 15) der positiven."

Beweis. Setzt man in die Gleichung:
$$-i = \frac{1}{+i}$$
für i eine andere Buchstabengrösse, z. B. x ein, so erhält man:
$$-x = \frac{1}{+x}$$
Multipliziert man beide Seiten dieser Gleichung mit $(+x)$, so folgt:
$$(-x) \cdot (+x) = \left(\frac{1}{+x}\right) \cdot (+x) \quad \text{(s. Erkl. 16)}$$
oder:
$$-x^2 = +1 \quad \text{(siehe Erkl. 17 u. 18 a)}$$
Multipliziert man die ganze Gleichung mit (-1), so erhält man:
$$(-x^2) \cdot (-1) = (+1) \cdot (-1)$$
oder:
$$+x^2 = -1$$
Zieht man schliesslich noch aus beiden Seiten der letzten Gleichung die Quadratwurzel, so ergibt sich:
$$\sqrt{+x^2} = \sqrt{-1}$$
d. i.:
$$x = i$$
Es gibt also keine andere Zahl als i, welche die behauptete Eigentümlichkeit besitzt.

b) $(+i) \cdot (-i) = +1$
in Worten:
„Das Produkt aus der positiven und der negativen imaginären Einheit ist gleich $+1$."

Beweis. Es ist:
$$(+i) \cdot (-i) = (+i) \cdot \left(\frac{1}{+i}\right)$$
oder: [nach Teil a) dieser Antwort]
$$(+i) \cdot (-i) = +1 \quad \text{(nach Erkl. 17)}$$

c) $(+i)^2 = -1$ und $(-i)^2 = -1$
in Worten:
„Das Quadrat der imaginären Einheit, sowohl der positiven als auch der negativen, ist gleich -1."

Beweis. Es war:
$$+i = +\sqrt{-1} \text{ und } -i = -\sqrt{-1}$$
(siehe Antwort auf Frage 3)

Erkl. 19. Jede Grösse, durch sie selbst geteilt, gibt $+1$.

Erkl. 20. Ist das Produkt zweier Faktoren gleich dem zweier anderen, so bilden die Faktoren des einen Produktes die äusseren, die des anderen die inneren Glieder einer Proportion.

Erkl. 20a. Ein Satz aus der Proportionenlehre lautet:
„In jeder Proportion ist das Produkt der äusseren Glieder gleich dem der inneren."

Erkl. 21. Sind die inneren Glieder (das zweite und dritte Glied) einer Proportion gleich, so nennt man letztere stetig und jedes der beiden inneren Glieder die mittlere Proportionale.

Frage 5. Mit Hilfe welcher Formeln lassen sich die Potenzen der imaginären Einheit berechnen und welche Beziehungen finden zwischen diesen Potenzen statt?

Man erhält demnach:
$$(+i)^2 = (+\sqrt{-1})^2 = +(-1) = -1$$
$$(-i)^2 = (-\sqrt{-1})^2 = +(-1) = -1$$
(siehe Erkl. 18a und 7,1)

oder:
$$(-i)^2 = (-i)\cdot(-i) = \frac{1}{+i}\cdot\frac{1}{+i}$$
$$[\text{nach Teil a})] = \frac{1}{(+i)^2} = \frac{1}{-1}$$
(nach vorstehend. Beweis) $= -1$ (s. Erkl. 18)

Hieraus ergibt sich, wenn man die Zahl -1 von der rechten Seite der Gleichung auf die linke nimmt:

d) $(\pm i)^2 + 1 = 0$

in Worten:
„Das Quadrat der positiven und der negativen imaginären Einheit, vermehrt um $+1$, gibt Null."

Und aus derselben Gleichung:
$$(\pm i)^2 = -1$$
folgt noch weiter:
$$(+i)\cdot(+i) = (+1)\cdot(-1)$$
und
$$(-i)\cdot(-i) = (+1)\cdot(-1)$$
oder:
e) $\begin{cases} (+1):(+i) = (+i):(-1) \\ (+1):(-i) = (-i):(-1) \end{cases}$
(nach Erkl. 20)

in Worten:
„Die imaginäre Einheit (sowohl die positive, als auch die negative) ist die mittlere Proportionale von $+1$ und -1." (Siehe Erkl. 21.)

Antwort. Bezeichnet n irgend eine reelle, positive oder negative Zahl (einschliesslich Null), so findet statt:
1) $i^{4n} = +1$
2) $i^{4n+1} = +i$
3) $i^{4n+2} = -1$
4) $i^{4n+3} = -i$

Die Richtigkeit vorstehender Formeln lässt sich am einfachsten durch direkte Berechnung der ersten Potenzen von i nachweisen.

Erkl. 22. Ein Satz aus der Potenzlehre lautet:

„Die nullte Potenz einer jeden Zahl ist gleich $+1$, die erste Potenz die Zahl selbst."

In Zeichen:
$$(\pm a)^0 = +1$$
$$(+a)^1 = +a; \quad (-a)^1 = -a$$

Erkl. 23. Ein Satz der Potenzlehre lautet:

„Eine Potenz, deren Exponent eine Summe darstellt, ist gleich dem Produkte von Potenzen, deren Grundzahlen gleich der Basis der gegebenen Potenz und deren Exponenten gleich den Summanden des gegebenen Exponenten sind."

In Zeichen:
$$a^{m+n} = a^m \cdot a^n$$

Umgekehrt ist auch:
$$a^m \cdot a^n = a^{m+n}$$

In Worten:

„Potenzen von derselben Grundzahl werden multipliziert, indem man ihre Exponenten addiert."

Erkl. 24. Ein Satz der Potenzlehre lautet:

„Eine Potenz, deren Exponent eine Differenz darstellt, ist gleich einem Bruche, dessen Zähler eine Potenz ist mit der Basis der gegebenen Potenz als Grundzahl und dem Minuendus des gegebenen Exponenten als Exponenten, und dessen Nenner eine Potenz ist mit der Basis der gegebenen Potenz als Grundzahl und dem Subtrahendus des gegebenen Exponenten als Exponenten."

In Zeichen:
$$a^{m-n} = \frac{a^m}{a^n}$$

Umgekehrt ist auch:
$$\frac{a^m}{a^n} = a^{m-n}$$

In Worten:

„Potenzen von derselben Grundzahl werden dividiert, indem man den Exponenten des Divisors von dem des Dividendus subtrahiert."

Wird $m = n$, so erhält man:
$$a^{m-n} = a^{n-n} = a^0$$

Es ist also:
$$a^0 = \frac{a^n}{a^n} = +1 \quad \text{(vgl. Erkl. 22)}$$

Für die Pluspotenzen (s. Erkl. 24) erhält man:

a) wenn $n = 0$ ist:

$i^{4n} = i^{4 \cdot 0} = i^0 = +1$ (siehe Erkl. 22 u. 24)
$i^{4n+1} = i^{4 \cdot 0+1} = i^1 = i$ (siehe Erkl. 22)
$i^{4n+2} = i^{4 \cdot 0+2} = i^2 = -1$
[nach Antwort c) auf Frage 4]
$i^{4n+3} = i^{4 \cdot 0+3} = i^3 = i^1 \cdot i^2$ (nach Erkl. 23)
$= i \cdot (-1) = -i$

b) wenn $n = 1$ ist:

$i^{4n} = i^{4 \cdot 1} = i^4 = i^2 \cdot i^2$ (nach Erkl. 23)
$= (-1) \cdot (-1) = +1$
$i^{4n+1} = i^{4+1} = i^5 = i^2 \cdot i^3$
$= (-1) \cdot (-i) = +i$
$i^{4n+2} = i^{4+2} = i^6 = i^3 \cdot i^3 = (-i) \cdot (-i)$
$= \left(\frac{1}{+i}\right) \cdot \left(\frac{1}{+i}\right)$ [nach Antwort a) auf Frage 4]
$= \frac{1}{(+i)^2} = \frac{1}{-1} = -1$
$i^{4n+3} = i^{4+3} = i^7 = i^3 \cdot i^4$
$= (-i) \cdot (+1) = -i$

und so fort.

Für die Minuspotenzen (s. Erkl. 24) ergibt sich:

a) wenn $n = -1$ ist:

$i^{4n} = i^{4 \cdot (-1)} = i^{-4} = \frac{1}{i^4}$ (nach Erkl. 24)
$= \frac{1}{+1} = +1$
$i^{4n+1} = i^{4 \cdot (-1)+1} = i^{-3} = \frac{1}{i^3} = \frac{1}{-i}$
$= -\frac{1}{i}$ (siehe Erkl. 18) $= -(-i)$
[nach Antwort a) auf Frage 4] $= +i$
$i^{4n+2} = i^{4 \cdot (-1)+2} = i^{-2}$
$= \frac{1}{i^2} = \frac{1}{-1} = -1$
$i^{4n+3} = i^{4 \cdot (-1)+3} = i^{-1} = \frac{1}{i} = -i$

b) wenn $n = -2$ ist:

$i^{4n} = i^{4 \cdot (-2)} = i^{-8} = \frac{1}{i^8}$ (nach Erkl. 24)
$= \frac{1}{i^4} \cdot \frac{1}{i^4}$ (nach Erkl. 23)
$= \frac{1}{(+1)} \cdot \frac{1}{(+1)} = +1$
$i^{4n+1} = i^{4 \cdot (-2)+1} = i^{-7} = \frac{1}{i^7} = \frac{1}{-i}$
$= -\frac{1}{i} = -(-i) = +i$

Ueber die imaginären Einheiten im besonderen.

Wird $m = 0$, so erhält man:
$$a^{m-n} = a^{0-n} = a^{-n}$$
Es ist also:
$$a^{-n} = \frac{a^0}{a^n} = \frac{1}{a^n}.$$
In Worten:
  „Die **Minuspotenz** (d. h. die Potenz mit **negativem Exponenten**) ist das Umgekehrte der **Pluspotenz** (d. h. der Potenz mit **positivem Exponenten**).
(Siehe Kleyers „Lehrbuch der Potenzen und Wurzeln.")

$$i^{4n+2} = i^{4\cdot(-2)+2} = i^{-6}$$
$$= \frac{1}{i^6} = \frac{1}{-1} = -1$$
$$i^{4n+3} = i^{4\cdot(-2)+3} = i^{-5}$$
$$= \frac{1}{i^5} = \frac{1}{+i} = -i$$
und so fort.

Hieraus ergibt sich folgender Satz:
  „Die Potenzen der imaginären Einheit — sowohl die mit positiven, als auch die mit negativen Exponenten — kehren stets weder."
Die Periode ist:
$$+1; \quad +i; \quad -1; \quad -i$$
Andere Werte, als die vorstehenden, können sich bei **keiner** Potenz von i ergeben.

---

a) Gelöste Aufgaben.

Aufgabe 5. Man soll nachstehende Ausdrücke auf die **einfachste** Form bringen:

a) $(\sqrt{-1})^{24}$

Auflösungen.

a) Der Exponent 24 lässt sich durch 4 ohne Rest teilen, denn $24 = 4\cdot 6$. Man erhält also für:
$$(\sqrt{-1})^{24} = i^{4\cdot 6}$$
oder allgemein:
$$= i^{4\cdot n}$$
Nach Formel 1) (Frage 5) ist:
$$i^{4n} = +1$$
folglich ist:
$$(\sqrt{-1})^{24} = +1$$

b) i^{89}

b) Der Exponent 89 gibt, durch 4 geteilt, den Quotient 22 und den Rest $+1$. Man erhält demnach für:
$$i^{89} = i^{4\cdot 22+1}$$
oder allgemein:
$$= i^{4n+1}$$
Nach Formel 2) (Frage 5) ist:
$$i^{4n+1} = +i$$
folglich gibt:
$$i^{89} = +i$$

c) $(-\sqrt{-1})^{126}$

c) Der Exponent 126, durch 4 geteilt, gibt den Quotient 31 und den Rest $+2$. Man kann also schreiben für:
$$(-\sqrt{-1})^{126} = (-\sqrt{-1})^{4\cdot 31+2}$$
oder allgemein:
$$(-i)^{126} = (-i)^{4n+2}$$

Erkl. 25. Ein Satz aus der Potenzlehre lautet:
„Alle geraden Potenzen einer negativen Zahl sind positiv, alle ungeraden negativ."

d) $(-i)^{163}$

e) $(\sqrt{-1})^{-20}$

f) $(-i)^{-39}$

g) $(\sqrt{-1})^{-30}$

Nach Formel 3) (Frage 5) ist aber:
$$i^{4n+2} = -1$$
folglich ist:
$$(-i)^{126} = -1$$
denn das Resultat ändert sich nicht, wenn i negativ ist, weil der Potenzexponent eine gerade Zahl ist (siehe Erkl. 25).

d) Der Exponent 163 lässt sich zerlegen in: $4 \cdot 40 + 3$. Folglich ist:
$$(-i)^{163} = (-i)^{4 \cdot 40 + 3}$$
oder allgemein: $\quad = (-i)^{4n+3}$
Nach Formel 4) (Frage 5) gibt:
$$i^{4n+3} = -i$$
Da die Grundzahl der gegebenen Potenz negativ und der Exponent eine ungerade Zahl ist, so erhält man (nach Erkl. 25) für:
$$(-i)^{163} = -(-i) = +i$$

e) Der Exponent -20 lässt sich zerlegen in: $-4 \cdot 5$. Man erhält also für:
$$(\sqrt{-1})^{-20} = i^{-4 \cdot 5}$$
oder allgemein: $\quad = i^{-4n}$
Nun ist:
$$i^{-4n} = \frac{1}{i^{4n}} \quad \text{(nach Erkl. 24)}$$
und
$$i^{4n} = +1 \text{ [nach Formel 1), Frage 5]}$$
folglich gibt:
$$(\sqrt{-1})^{-20} = \frac{1}{+1} = +1$$

f) Der Exponent 39 gibt, durch 4 geteilt, zum Quotienten 9 und zum Rest $+3$. Man erhält hiernach für:
$$(-i)^{-39} = (-i)^{-(4 \cdot 9 + 3)}$$
oder allgemein:
$$= (-i)^{-(4n+3)}$$
$$= \frac{1}{(-i)^{4n+3}} \quad \text{(nach Erkl. 24)}$$
Nun ist:
$$i^{4n+3} = -i \text{ [nach Formel 4), Frage 5]}$$
und
$$(-i)^{4n+3} = -(-i) \quad \text{(nach Erkl. 25)}$$
folglich ist:
$$(-i)^{-39} = \frac{1}{-(-i)} = \frac{1}{+i} = -i$$
[nach Antwort a) auf Frage 4]

g) Der Exponent 30 gibt, durch 4 geteilt, zum Quotienten 7 und zum Rest $+2$. Man erhält demnach für:
$$(\sqrt{-1})^{-30} = (\sqrt{-1})^{-(4 \cdot 7 + 2)}$$

Ueber das Rechnen mit imaginären Zahlen. 11

oder allgemein:
$$= (\sqrt{-1})^{(-4n+2)} = \frac{1}{i^{4n+2}}$$
Nun ist:
$i^{4n+2} = -1$ [nach Formel 3), Frage 5]
folglich:
$$(\sqrt{-1})^{-30} = \frac{1}{-1} = -1$$

h) i^{-97}

h) Dividiert man den Exponenten 97 durch 4, so erhält man 24 zum Quotienten und $+1$ zum Rest. Man kann also schreiben für:
$$i^{-97} = i^{-(4\cdot 24+1)}$$
oder allgemein:
$$= i^{-(4n+1)} = \frac{1}{i^{4n+1}} \quad \text{(nach Erkl. 24)}$$
Nach Formel 2) (Frage 5) ist aber:
$$i^{4n+1} = +i$$
folglich gibt:
$$i^{-97} = \frac{1}{+i} = -i$$
[nach Antwort a) auf Frage 4]

b) Ungelöste Aufgaben.

Aufgabe 6. Man soll nachstehende Ausdrücke auf die einfachste Form bringen:

a) $(+\sqrt{-1})^{16}$

b) i^{45}

c) $(-\sqrt{-1})^{62}$

d) $(-i)^{87}$

e) i^{-12}

f) $(-i)^{-17}$

g) $(+\sqrt{-1})^{-54}$

h) $(-\sqrt{-1})^{-103}$

Andeutungen.

a) Auflösung analog der Auflösung von Aufgabe 5, a).

b) Auflösung analog der Auflösung von Aufgabe 5, b).

c) Auflösung analog der Auflösung von Aufgabe 5, c).

d) Auflösung analog der Auflösung von Aufgabe 5, d).

e) Auflösung analog der Auflösung von Aufgabe 5, e).

f) Auflösung analog der Auflösung von Aufgabe 5, h).

g) Auflösung analog der Auflösung von Aufgabe 5, g).

h) Auflösung analog der Auflösung von Aufgabe 5, f).

3) Ueber das Rechnen mit imaginären Zahlen.

Anmerkung 4. Das Symbol $\sqrt{-a}$ stellt sowohl eine **positive**, als auch eine **negative** imaginäre Zahl dar (siehe Antwort auf Frage 2 und Erkl. 10). Um das Verständnis der nachfolgenden Gesetze zu erleichtern und die Rechnung einfacher zu gestalten, soll im Folgenden immer nur **ein** Wert Berücksichtigung finden und zwar, wenn vor der imaginären Zahl **kein** Vorzeichen oder das Zeichen $+$ steht, **nur der positive**, und wenn vor derselben das Zeichen $-$ steht, **nur der negative** Wert.

a) Ueber das Addieren und Subtrahieren.

Frage 6. Wie werden imaginäre Zahlen addiert?

Erkl. 26. Wenn die Glieder einer Summe einen gemeinschaftlichen Faktor besitzen, so kann man jedes dieser Glieder durch diesen Faktor dividieren, die Quotienten algebraisch addieren, sie in eine Klammer setzen und letztere mit dem gemeinschaftlichen Faktor multiplizieren; z. B.:

$$81a^4 - 54a^2 = \left(\frac{81a^4}{27a^2} - \frac{54a^2}{27a^2}\right) \cdot 27a^2$$
$$= (3a^2 - 2) \cdot 27a^2$$

denn umgekehrt gibt:

$$(3a^2 - 2) \cdot 27a^2 = 81a^4 - 54a^2$$

Erkl. 27. Wenn man die Zweideutigkeit der Wurzeln berücksichtigt, so erhält man für $\sqrt{-a} + \sqrt{-b}$ nicht weniger als vier verschiedene Lösungen, nämlich wenn der aus $\sqrt{a}$ resultierende absolute Wert mit r und der aus $\sqrt{b}$ resultierende mit r_1 bezeichnet wird, die folgenden:

1) $\sqrt{-a} + \sqrt{-b} = [(+r) + (+r_1)] \cdot \sqrt{-1}$
   $= (+r + r_1) \cdot i$
2) $\sqrt{-a} + \sqrt{-b} = [(-r) + (+r_1)] \cdot \sqrt{-1}$
   $= (-r + r_1) \cdot i$
3) $\sqrt{-a} + \sqrt{-b} = [(+r) + (-r_1)] \cdot \sqrt{-1}$
   $= (+r - r_1) \cdot i$
4) $\sqrt{-a} + \sqrt{-b} = [(-r) + (-r_1)] \cdot \sqrt{-1}$
   $= (-r - r_1) \cdot i = -(r + r_1) \cdot i$

(Siehe die beiden folgenden Erkl. 28 u. 28a).

Erkl. 28. Der Satz von der Auflösung der Klammern lautet:

„Gleiche Zeichen vor und in der Klammer geben $+$, ungleiche $-$."

Erkl. 28a. Es ist üblich, das Rechnungszeichen der Summe ($+$) fortzulassen und die Glieder nur mit ihren Vorzeichen aneinanderzureihen, also statt: $(+\sqrt{a}) + (-\sqrt{b})$ zu schreiben: $+\sqrt{a} - \sqrt{b}$.

Erkl. 29. Sind mehrere imaginäre Zahlen positiv und mehrere negativ, so hat man zuerst alle positiven, dann alle negativen Zahlen für sich zu addieren und schliesslich die beiden Summen nach der in der Antwort auf Frage 6 gegebenen Regel zu vereinigen.

Frage 7. Wie wird eine imaginäre Zahl von einer andern subtrahiert?

Antwort. Imaginäre Zahlen werden addiert, indem man die algebraische Summe ihrer reellen Faktoren mit der imaginären Einheit multipliziert.

Behauptung.
$$\sqrt{-a} + \sqrt{-b} = (\sqrt{a} + \sqrt{b}) \cdot \sqrt{-1}$$

Beweis. Es ist:

$\sqrt{-a} = \sqrt{a} \cdot \sqrt{-1}$ } (nach Antwort
und $\sqrt{-b} = \sqrt{b} \cdot \sqrt{-1}$ } auf Frage 2)

folglich ist:
$\sqrt{-a} + \sqrt{-b} = \sqrt{a} \cdot \sqrt{-1} + \sqrt{b} \cdot \sqrt{-1}$
$\qquad = (\sqrt{a} + \sqrt{b}) \cdot \sqrt{-1}$
(nach Erkl. 26)

Antwort. Eine imaginäre Zahl wird von einer andern subtrahiert, indem man

Erkl. 30. Die für das Rechnen mit **reellen** Zahlen aufgestellten Gesetze lassen sich auch auf die **imaginären** Zahlen anwenden, solange hierdurch keine Widersprüche entstehen. Da die imaginären Zahlen aus der imaginären Einheit in gleicher Weise entstehen wie die reellen Zahlen aus der reellen Einheit, so lassen sich auch die imaginären Zahlen zu einander addieren und von einander subtrahieren.

sie zu letzterer mit entgegengesetztem Vorzeichen addiert.

In Zeichen:
$$\sqrt{-a} - (+\sqrt{-b}) = \sqrt{-a} - \sqrt{-b}$$
(nach Erkl. 28)
$$\text{oder: } = (\sqrt{a} - \sqrt{b}) \cdot \sqrt{-1}$$
(nach Erkl. 26)

und
$$\sqrt{-a} - (-\sqrt{-b}) = \sqrt{-a} + \sqrt{-b}$$
$$\text{oder: } = (\sqrt{a} + \sqrt{b}) \cdot \sqrt{-1}$$
(siehe Erkl. 30)

α) Gelöste Aufgaben.

Aufgabe 7. Man soll die nachstehenden Ausdrücke auf ihre einfachste Form bringen:

a) $(+\sqrt{-256}) + (+\sqrt{-729}) + (-\sqrt{-121}) + (-\sqrt{-196})$

Auflösung. a) Man erhält:
$(+\sqrt{-256}) + (+\sqrt{-729}) + (-\sqrt{-121})$
$+ (-\sqrt{-196}) = (+\sqrt{256} \cdot \sqrt{-1})$
$+ (\sqrt{729} \cdot \sqrt{-1}) + (-\sqrt{121} \cdot \sqrt{-1})$
$+ (-\sqrt{196} \cdot \sqrt{-1})$
$= (+16i) + (+27i) + (-11i) + (-14i)$
$= (16 + 27 - 11 - 14)i = +18i$

---

b) $\left(+\sqrt{-\dfrac{16a^4}{25b^2}}\right) - \left(-\sqrt{-\dfrac{36a^4}{49b^2}}\right)$

b) $\left(+\sqrt{-\dfrac{16a^4}{25b^2}}\right) - \left(-\sqrt{-\dfrac{36a^4}{49b^2}}\right) =$
$\left(+\sqrt{\dfrac{16a^4}{25b^2}} \cdot \sqrt{-1}\right) -$
$\left(-\sqrt{\dfrac{36a^4}{49b^2}} \cdot \sqrt{-1}\right) =$
$+\dfrac{4a^2}{5b} \cdot i + \dfrac{6a^2}{7b} \cdot i$ (nach Erkl. 31)

oder:
$= \dfrac{58a^2 i}{35b}$ (nach Erkl. 26)

---

c) $2 \cdot \sqrt{-96} - 3 \cdot \sqrt{-24} + 5 \cdot \sqrt{-216} - 7 \cdot \sqrt{-54}$

c) Es ist:
$2 \cdot \sqrt{-96} - 3 \cdot \sqrt{-24} + 5 \cdot \sqrt{-216} -$
$7 \cdot \sqrt{-54} = 2 \cdot \sqrt{96} \cdot \sqrt{-1} -$
$3 \cdot \sqrt{24} \cdot \sqrt{-1} + 5 \cdot \sqrt{216} \cdot \sqrt{-1} -$
$7 \cdot \sqrt{54} \cdot \sqrt{-1}$

Erkl. 31. Ein Satz aus der Wurzellehre lautet:

„Die $n$te Wurzel aus einem Bruche ist gleich dem Quotienten der $n$ten Wurzel des Zählers durch die $n$te Wurzel des Nenners."

In Zeichen:

$$\sqrt[n]{\dfrac{a}{b}} = \dfrac{\sqrt[n]{a}}{\sqrt[n]{b}}$$

oder, indem man die Radikanden der reellen Wurzeln soweit in Faktoren zerlegt, dass sich wenigstens teilweise die Wurzel ziehen lässt, und für $\sqrt{-1} = i$ setzt:
$= 2 \cdot i \cdot \sqrt{16 \cdot 6} - 3 \cdot i \cdot \sqrt{4 \cdot 6} + 5 \cdot i \cdot \sqrt{36 \cdot 6} -$
$7 \cdot i \cdot \sqrt{9 \cdot 6}$

Umgekehrt gibt:
$$\sqrt[n]{a} : \sqrt[n]{b} = \sqrt[n]{\frac{a}{b}}$$

d) $\sqrt{-ab^2} - 2 \cdot \sqrt{-a} - 2a \cdot \sqrt{-\frac{b^2}{a}} + b \cdot \sqrt{-a}$

Erkl. 32. Um Faktoren, die vor einer Wurzel stehen, unter dieselbe zu bringen, muss man sie auf den Grad potenzieren, welchen die Wurzel besitzt.

In Zeichen:
$$a \cdot \sqrt[n]{b} = \sqrt[n]{a^n \cdot b}$$

e) $5 \cdot \sqrt{-\frac{4}{5}} + 6 \cdot \sqrt{-\frac{5}{4}} - 10 \cdot \sqrt{\frac{4}{5}} + 8 \cdot \sqrt{\frac{5}{4}}$

oder nach Erkl. 9:
$$= 2 \cdot i \cdot 4 \cdot \sqrt{6} - 3 \cdot i \cdot 2 \cdot \sqrt{6} + 5 \cdot i \cdot 6 \cdot \sqrt{6} - 7 \cdot i \cdot 8 \cdot \sqrt{6} = 8i\sqrt{6} - 6i\sqrt{6} + 30i\sqrt{6} - 21i\sqrt{6} = +11i\sqrt{6}$$

d) Man erhält zunächst für:
$$\sqrt{-ab^2} - 2 \cdot \sqrt{-a} - 2a \cdot \sqrt{-\frac{b^2}{a}} + b \cdot \sqrt{-a} = \sqrt{ab^2} \cdot \sqrt{-1} - 2 \cdot \sqrt{a} \cdot \sqrt{-1} - 2a \cdot \sqrt{\frac{b^2}{a}} \cdot \sqrt{-1} + b \cdot \sqrt{a} \cdot \sqrt{-1}$$

und, wenn man soweit als möglich radiziert und den gemeinsamen Faktor $\sqrt{-1} = i$ absondert:
$$= \left(b \cdot \sqrt{a} - 2 \cdot \sqrt{a} - 2ab \cdot \sqrt{\frac{1}{a}} + b \cdot \sqrt{a}\right) \cdot i$$

oder, da: $a \cdot \sqrt{\frac{1}{a}} = \sqrt{\frac{a^2}{a}} = \sqrt{a}$ ist (nach Erkl. 32):
$$= (b \cdot \sqrt{a} - 2\sqrt{a} - 2b\sqrt{a} + b\sqrt{a}) \cdot i$$
$$= (b - 2 - 2b + b)i\sqrt{a} \quad \text{(nach Erkl. 26)}$$
$$= -2i\sqrt{a}$$

e) Zunächst gibt:
$$5 \cdot \sqrt{-\frac{4}{5}} + 6 \cdot \sqrt{-\frac{5}{4}} - 10 \cdot \sqrt{\frac{4}{5}} + 8 \cdot \sqrt{\frac{5}{4}} = 5 \cdot \sqrt{\frac{4}{5}} \cdot \sqrt{-1} + 6 \cdot \sqrt{\frac{5}{4}} \cdot \sqrt{-1} - 10 \cdot \sqrt{\frac{4}{5}} + 8 \cdot \sqrt{\frac{5}{4}}$$

oder, wenn man soweit als möglich radiziert und den gemeinschaftlichen Faktor $\sqrt{-1} = i$ absondert:
$$= \left(5 \cdot 2 \cdot \sqrt{\frac{1}{5}} + 6 \cdot \frac{1}{2} \cdot \sqrt{5}\right) \cdot i - 10 \cdot 2 \cdot \sqrt{\frac{1}{5}} + 8 \cdot \frac{1}{2} \cdot \sqrt{5} \quad \text{(nach Erkl. 31)}$$

Nun ist:
$$5 \cdot \sqrt{\frac{1}{5}} = \sqrt{\frac{5^2}{5}} = \sqrt{5}$$
und
$$10 \cdot \sqrt{\frac{1}{5}} = 2 \cdot \sqrt{\frac{5^2}{5}} = 2\sqrt{5}$$
(nach Erkl. 32)

Folglich erhält man für:
$$\left(5 \cdot 2 \cdot \sqrt{\frac{1}{5}} + 6 \cdot \frac{1}{2} \cdot \sqrt{5}\right) \cdot i - 10 \cdot 2 \cdot \sqrt{\frac{1}{5}} + 8 \cdot \frac{1}{2} \sqrt{5} = (2\sqrt{5} + 3\sqrt{5}) \cdot i - 4\sqrt{5} + 4 \cdot \sqrt{5}$$

oder $= 5i\sqrt{5}$.

Ueber das Addieren und Subtrahieren. 15

f) $40 \cdot \sqrt{-\frac{0{,}3\,a^3 b^2}{0{,}2\,c^4 d^5}} - \frac{150\,a b}{c^2 d} \cdot \sqrt{-\frac{2{,}7\,a}{5\,d^3}}$
$+ \frac{7\,a d}{c} \cdot \sqrt{-\frac{29{,}4\,a\,b^2}{0{,}4\,c^2 d^7}}$

f) Man erhält für:

$40 \cdot \sqrt{-\frac{0{,}3\,a^3 b^2}{0{,}2\,c^4 d^5}} - \frac{150\,a b}{c^2 d} \cdot \sqrt{-\frac{2{,}7\,a}{5\,d^3}} +$
$\frac{7\,a d}{c} \cdot \sqrt{-\frac{29{,}4\,a b^2}{0{,}4\,c^2 d^7}} = 40 \cdot \sqrt{-1} \cdot$
$\sqrt{\frac{0{,}3\,a^3 b^2}{0{,}2\,c^4 d^5}} - \frac{150\,a b}{c^2 d} \cdot \sqrt{-1} \cdot$
$\sqrt{\frac{2{,}7\,a}{5\,d^3}} + \frac{7\,a d}{c} \cdot \sqrt{-1} \cdot \sqrt{\frac{29{,}4\,a b^2}{0{,}4\,c^2 d^7}}$

oder, wenn man die Produkte und Potenzen soweit in Faktoren zerlegt, dass wenigstens teilweise die Wurzel gezogen werden kann, und nach Absonderung des gemeinschaftlichen Faktors $\sqrt{-1} = i$:

$= \left(40 \cdot \sqrt{\frac{0{,}3 \cdot a^2 \cdot a \cdot b^2}{0{,}2 \cdot c^4 \cdot d^4 \cdot d}} - \frac{150\,a b}{c^2 d} \cdot \sqrt{\frac{9 \cdot 0{,}3 \cdot a}{25 \cdot 0{,}2 \cdot d^2 \cdot d}} + \frac{7\,a d}{c} \cdot \sqrt{\frac{49 \cdot 0{,}3 \cdot a \cdot b^2}{0{,}2 \cdot c^2 \cdot d^6 \cdot d}} \right) \cdot i$

oder, wenn man soweit als möglich radiziert:

$= \left(\frac{40\,a b}{c^2 d^2} \cdot \sqrt{\frac{0{,}3\,a}{0{,}2\,d}} - \frac{150\,a b}{c^2 d} \cdot \frac{3}{5\,d} \sqrt{\frac{0{,}3\,a}{0{,}2\,d}} + \frac{7\,a d}{c} \cdot \frac{7\,b}{c\,d^3} \sqrt{\frac{0{,}3\,a}{0{,}2\,d}} \right) \cdot i$

oder nach dem Kürzen der Brüche und nach Absonderung des gemeinschaftlichen Faktors $\sqrt{\frac{0{,}3\,a}{0{,}2\,d}}$:

$= \left(\frac{40\,a b}{c^2 d^2} - \frac{90\,a b}{c^2 d^2} + \frac{49\,a b}{c^2 d^2} \right) \cdot i \cdot \sqrt{\frac{0{,}3\,a}{0{,}2\,d}} = - \frac{a b\,i}{c^2 d^2} \sqrt{\frac{0{,}3\,a}{0{,}2\,d}}$

β) Ungelöste Aufgaben.

Aufgabe 8. Nachstehende Ausdrücke sind auf ihre einfachste Form zu bringen:

a) $(-\sqrt{-324}) + (+\sqrt{-144}) + (-\sqrt{-289}) + (+\sqrt{-441})$

b) $\left(-\sqrt{-\frac{64\,x^4 y^2}{81\,z^6}} \right) - \left(+\frac{x y}{z} \cdot \sqrt{-\frac{100\,x^2}{169\,z^4}} \right)$

c) $3 \cdot \sqrt{-20} + 4 \cdot \sqrt{-180} - 5 \cdot \sqrt{-125} + 6 \cdot \sqrt{-405}$

d) $+ \sqrt{-\frac{a^3}{b^5}} - \frac{a}{b} \cdot \sqrt{-\frac{a}{b^3}} - \frac{2}{3\,a} \cdot \sqrt{-\frac{9\,a^5}{b^3}} + b^3 \cdot \sqrt{-\frac{25\,a^3}{9\,b^9}}$

e) $3 \cdot \sqrt{-\frac{7}{9}} - 2 \cdot \sqrt{-28} + 7 \cdot \sqrt{-\frac{1}{7}} - \frac{1}{3} \cdot \sqrt{-63}$

Andeutungen.

a) Auflösung analog der Auflösung von Aufgabe 7, a).

b) Auflösung analog der Auflösung von Aufgabe 7, b) unter Berücksichtigung von Erkl. 28.

c) Auflösung analog der Auflösung von Aufgabe 7, c).

d) Auflösung analog der Auflösung von Aufgabe 7, d) und 7, f) unter Berücksichtigung von Erkl. 32.

e) Auflösung analog der Auflösung von Aufgabe 7, e) unter Berücksichtigung von Erkl. 32.

B. Ueber die komplexen Zahlen.

Anmerkung 5. Zum Verständnis der nachfolgenden Lösungen von Problemen sind die in der Anmerkung 3 erwähnten Vorkenntnisse ausreichend.

1) Ueber die komplexen Zahlen im allgemeinen.

Frage 19. Was versteht man unter einer **komplexen** oder **lateralen** Zahl und wie wird eine solche Zahl dargestellt?

Erkl. 48. Das Wort „komplex" stammt aus dem Lateinischen und bedeutet „zusammengesetzt" oder „vereinigt".

Erkl. 49. Die zweigliederigen Ausdrücke von der Form $a+bi$ werden nach **Cauchy** (Anal. algébr. 1821) „komplexe Zahlen" oder auch kurz „**Komplexe**", nach **Gauss** (Theoria residuorum biquadraticorum, Comm. societ. Gotting. Vol. VII, 1828 bis 1832, pag. 96) „**laterale Zahlen**" oder kurz „**Laterale**" [d. h. „seitwärts liegende" vom Lat. latus (Seite); vergl. Abschnitt C.] und nach **Mourey** „nombres directives" (auf deutsch „Richtungszahlen") genannt. Am gebräuchlichsten ist jedoch die von **Cauchy** eingeführte Bezeichnung.

Erkl. 49a. Die beiden Glieder der komplexen Zahl können nicht miteinander verglichen werden, weil sie verschiedenen Zahlengebieten angehören. Das sie verbindende $+$ Zeichen deutet nur einen Zusammenhang der beiden Glieder an und darf nicht als ein **Additionszeichen** angesehen werden, weil durch ein solches nur gleichartige Zahlen (reelle Zahlen mit reellen oder imaginäre Zahlen mit imaginären) verbunden werden können.

Antwort. Unter einer komplexen oder lateralen Zahl versteht man einen, aus einem reellen und einem imaginären Gliede zusammengesetzten Ausdruck von der Form:

$$a+bi$$

in welchem a und b irgend welche, positiven oder negativen, reellen Zahlen bedeuten.

Frage 20. Wie viele komplexe Zahlen lassen sich mit Rücksicht auf die Zeichen bilden?

Antwort. Je nachdem die reellen Bestandteile a und b positiv oder negativ sind, erhält man folgende vier, nur durch die Zeichen von einander abweichende komplexe Zahlen:

$$+a+bi$$
$$-a+bi$$
$$+a-bi$$
$$-a-bi$$

Frage 21. Was versteht man unter zwei konjugierten komplexen Zahlen?

Antwort. Unter zwei konjugierten komplexen Zahlen versteht man Komplexe, die nur durch das Zeichen

Preisgekrönt in Frankfurt a. M. 1881.

Der ausführliche Prospekt und das ausführliche Inhaltsverzeichnis der „vollständig gelösten Aufgabensammlung von Dr. Ad. Kleyer" kann von jeder Buchhandlung, sowie von der Verlagshandlung gratis und portofrei bezogen werden.

Bemerkt sei hier nur:

1). Jedes Heft ist aufgeschnitten und gut brochiert, um den sofortigen und dauernden Gebrauch zu gestatten.
2). Jedes Kapitel enthält sein besonderes Titelblatt, Inhaltsverzeichnis, Berichtigungen und Erklärungen am Schlusse desselben.
3). Auf jedes einzelne Kapitel kann abonniert werden.
4). Monatlich erscheinen 3—4 Hefte zu dem Abonnementspreise von 25 Pfg. pro Heft.
5). Die Reihenfolge der Hefte im nachstehenden, kurz angedeuteten Inhaltsverzeichnis ist, wie aus dem Prospekt ersichtlich, ohne jede Bedeutung für die Interessenten.
6). Das Werk enthält Alles, was sich überhaupt auf mathematische Wissenschaften bezieht, alle Lehrsätze, Formeln und Regeln etc. mit Beweisen, alle praktischen Aufgaben in vollständig gelöster Form mit Anhängen ungelöster analoger Aufgaben und vielen vortrefflichen Figuren.
7). Das Werk ist ein praktisches Lehrbuch für Schüler aller Schulen, das beste Handbuch für Lehrer und Examinatoren, das vorzüglichste Lehrbuch zum Selbststudium, das vortrefflichste Nachschlagebuch für Fachleute und Techniker jeder Art.
8). Alle Buchhandlungen nehmen Bestellungen entgegen.

Das vollständige

Inhaltsverzeichnis
der bis jetzt erschienenen Hefte

kann durch jede Buchhandlung bezogen werden.

Halbjährlich erscheinen Nachträge über die inzwischen neu erschienenen Hefte.

| 920. Heft. | Preis des Heftes 25 Pf. | Das Rechnen mit imaginären und komplexen Zahlen. Forts. v. Heft 885. — Seite 33—48. |

Vollständig gelöste
Aufgaben-Sammlung

— nebst Anhängen ungelöster Aufgaben, für den Schul- & Selbstunterricht —

mit

Angabe und Entwicklung der benutzten Sätze, Formeln, Regeln in Fragen und Antworten

erläutert durch

viele Holzschnitte & lithograph. Tafeln,

aus allen Zweigen

der Rechenkunst, der niederen (Algebra, Planimetrie, Stereometrie, ebenen u. sphärischen Trigonometrie, synthetischen Geometrie etc.) u. höheren Mathematik (höhere Analysis, Differential- u. Integral-Rechnung, analytische Geometrie der Ebene u. des Raumes etc.); — aus allen Zweigen der Physik, Mechanik, Graphostatik, Chemie, Geodäsie, Nautik, mathemat. Geographie, Astronomie; des Maschinen-, Strafsen-, Eisenbahn-, Wasser-, Brücken- u. Hochbau's; der Konstruktionslehren als: darstell. Geometrie, Polar- u. Parallel-Perspective, Schattenkonstruktionen etc. e:c

für

Schüler, Studierende, Kandidaten, Lehrer, Techniker jeder Art, Militärs etc.

zum einzig richtigen und erfolgreichen

Studium, zur Forthülfe bei Schularbeiten und zur rationellen Verwertung der exakten Wissenschaften,

herausgegeben von

Dr. Adolph Kleyer,

Mathematiker, vereideter königl. preuss. Feldmesser, vereideter grossh. hessischer Geometer I. Klasse

in Frankfurt a. M.

unter Mitwirkung der bewährtesten Kräfte.

Das Rechnen mit imaginären und komplexen Zahlen.

Nach System Kleyer bearbeitet von **Rich. Krüger.**

Fortsetzung von Heft 885. — Seite 33—48.

Inhalt:

Ueber die komplexen Zahlen im besonderen. — Ueber das Rechnen mit komplexen Zahlen. — Ueber das Addieren und Subtrahieren. — Gelöste Aufgaben — Ungelöste Aufgaben. — Ueber das Multiplizieren. -- Gelöste Aufgaben — Ungelöste Aufgaben. — Ueber das Dividieren.

Stuttgart 1891.
Verlag von Julius Maier.

Preisgekrönt in Frankfurt a. M. 1881.

PROSPEKT.

Dieses Werk, welchem kein ähnliches zur Seite steht, erscheint monatlich in 3—4 Heften zu dem billigen Preise von 25 ₰ pro Heft und bringt eine Sammlung der wichtigsten und praktischsten Aufgaben aus dem Gesamtgebiete der Mathematik, Physik, Mechanik, math. Geographie, Astronomie, des Maschinen-, Strassen-, Eisenbahn-, Brücken- und Hochbaues, des konstruktiven Zeichnens etc. etc. und zwar in vollständig gelöster Form, mit vielen Figuren, Erklärungen nebst Angabe und Entwickelung der benutzten Sätze, Formeln, Regeln in Fragen mit Antworten etc., so dass die Lösung jedermann verständlich sein kann, bezw. wird, wenn eine grössere Anzahl der Hefte erschienen ist, da dieselben sich in ihrer Gesamtheit ergänzen und alsdann auch alle Teile der reinen und angewandten Mathematik — nach besonderen selbständigen Kapiteln angeordnet — vorliegen.

Fast jedem Hefte ist ein Anhang von ungelösten Aufgaben beigegeben, welche der eigenen Lösung (in analoger Form, wie die bezüglichen gelösten Aufgaben) des Studierenden überlassen bleiben, und zugleich von den Herren Lehrern für den Schulunterricht benutzt werden können. — Die Lösungen hierzu werden später in besonderen Heften für die Hand des Lehrers erscheinen. Am Schlusse eines jeden Kapitels gelangen: Titelblatt, Inhaltsverzeichnis, Berichtigungen und erläuternde Erklärungen über das betreffende Kapitel zur Ausgabe.

Das Werk behandelt zunächst den Hauptbestandteil des mathematisch-naturwissenschaftlichen Unterrichtsplanes folgender Schulen: Realschulen I. und II. Ord., gleich berechtigten höheren Bürgerschulen, Privatschulen, Gymnasien, Realgymnasien, Pregymnasien, Schullehrer-Seminaren, Polytechniken, Techniken, Baugewerkschulen, Gewerbeschulen, Handelsschulen, techn. Vorbereitungsschulen aller Arten, gewerbliche Fortbildungsschulen, Akademien, Universitäten, Land- und Forstwissenschaftsschulen, Militärschulen, Vorbereitungs-Anstalten aller Arten als z. B. für das Einjährig-Freiwilligen- und Offiziers-Examen, etc.

Die Schüler, Studierenden und Kandidaten der mathematischen, technischen und naturwissenschaftlichen Fächer, werden durch diese, Schritt für Schritt gelöste, Aufgabensammlung immerwährend an ihre in der Schule erworbenen oder nur gehörten Theorien etc. erinnert und wird ihnen hiermit der Weg zum unfehlbaren Auffinden der Lösungen derjenigen Aufgaben gezeigt, welche sie bei ihren Prüfungen zu lösen haben, zugleich aber auch die überaus grosse Fruchtbarkeit der mathematischen Wissenschaften vorgeführt.

Dem Lehrer soll mit dieser Aufgabensammlung eine kräftige Stütze für den Schulunterricht geboten werden, indem zur Erlernung des praktischen Teiles der mathematischen Disziplinen — zum Auflösen von Aufgaben — in den meisten Schulen oft keine Zeit erübrigt werden kann, hiermit aber dem Schüler bei seinen häuslichen Arbeiten eine vollständige Anleitung in die Hände gegeben wird, entsprechende Aufgaben zu lösen, die gehabten Regeln, Formeln, Sätze etc. anzuwenden und praktisch zu verwerten. Lust, Liebe und Verständnis für den Schul-Unterricht wird dadurch erhalten und belebt werden.

Den Ingenieuren, Architekten, Technikern und Fachgenossen aller Art, Militärs etc. etc. soll diese Sammlung zur Auffrischung der erworbenen und vielleicht vergessenen mathematischen Kenntnisse dienen und zugleich durch ihre praktischen in allen Berufszweigen vorkommenden Anwendungen einem toten Kapitale lebendige Kraft verleihen und somit den Antrieb zu weiteren praktischen Verwertungen und weiteren Forschungen geben.

Alle Buchhandlungen nehmen Bestellungen entgegen. Wichtige und praktische Aufgaben werden mit Dank von der Redaktion entgegengenommen und mit Angabe der Namen verbreitet. — Wünsche, Fragen etc., welche die Redaktion betreffen, nimmt ⁀. Kleyer, Frankfurt a. M. Fischerfeldstrasse 16, entgegen und wird deu lichst berücksichtigt.

Erkl. 50. Das Wort „konjugiert" stammt vom lateinischen Worte conjugere und bedeutet „verbunden" oder „zusammengehörig".

Erkl. 50a. Die Bezeichnung „konjugierte komplexe Zahlen" für zwei Komplexe von der Form $a+bi$ und $a-bi$ wurde zuerst von Cauchy (Anal. algébr. c. 7, 1821) gebraucht.

Erkl. 50b. Lejeune Dirichlet (Ueber die Theorie der komplexen Zahlen) nennt „zusammengehörig" vier komplexe Zahlen:
$a+bi$; $-b+ai$; $-a-bi$; $b-ai$
welche so von einander abhängen, dass irgend drei derselben aus der vierten entstehen, wenn man diese mit -1, $\pm i$ multipliziert.

des imaginären Gliedes von einander abweichen.

Hiernach ist das Konjugierte von $a+bi$ die Komplexe $a-bi$ und von $-a+bi$ die komplexe Zahl $-a-bi$ — und umgekehrt.

Frage 22. Wann nennt man zwei komplexe Zahlen associiert?

Erkl. 51. Das Wort „associiert" (vom französischen Worte associer stammend) bedeutet „zugesellt" oder „vereinigt", auch „verbunden".

Antwort. Zwei komplexe Zahlen heissen associiert, wenn sie gleiche Zahlenwerte, aber entgegengesetzte Zeichen besitzen.

Hiernach sind associierte komplexe Zahlen: $a+bi$ und $-a-bi$.

---

2) Ueber die komplexen Zahlen im besondern.

Frage 23. Was versteht man unter einer veränderlichen und was unter einer stetig veränderlichen komplexen Zahl?

Erkl. 52. Man unterscheidet unveränderliche oder konstante und veränderliche oder variable Grössen. „Unveränderliche" oder „Konstante" sind solche Grössen, die unveränderlich sind oder gedacht werden, „Veränderliche" oder „Variable" dagegen solche, die Veränderungen erleiden oder denen solche zugedacht werden können. Eine Zu- oder Abnahme einer Grösse kann nur dann eintreten, wenn diese Grösse selbst eine „Veränderliche" ist.

Erkl. 52a. Die Wörter „variabel" und „konstant" stammen aus dem Lateinischen; ersteres von varius, d. h. „wechselnd", letzteres von constans, d. h. „beständig".

Antwort. Man erhält alle zu dem reellen Bestandteile a gehörigen komplexen Zahlen, wenn die Zahl b die reelle Zahlenreihe von $-\infty$ bis $+\infty$ durchläuft, und überhaupt alle komplexen Zahlen, wenn weiter a der Reihe nach alle zwischen $-\infty$ und $+\infty$ liegenden (reellen) Werte annimmt. — Verändern sich die beiden reellen Bestandteile a und b der Komplexen $a+bi$ sprungweise, d. h. haben die aufeinanderfolgenden Werte dieser Zahlen irgend welche Differenzen oder verändert sich nur eine von ihnen entweder sprungweise oder stetig (d. h. ununterbrochen, so dass die Differenz zweier aufeinanderfolgender Werte unendlich klein ist), so nennt man die komplexe Zahl eine „veränderliche Komplexe". — Verändern sich dagegen die beiden reellen Bestandteile stetig, so dass einer unendlich kleinen Zunahme (bezw. Abnahme) von a eine unendlich kleine Zunahme (bezw. Abnahme) von b entspricht, so nennt man die komplexe Zahl eine „**stetig veränderliche Komplexe**".

Frage 24. Was wird aus der komplexen Zahl $a+bi$, wenn einer ihrer reellen Bestandteile oder beide gleichzeitig Null oder unendlich gross werden?

Antwort. Wird in der komplexen Zahl $a+bi$ der reelle Bestandteil a gleich Null, so erhält man:
$$a+bi = 0+bi = bi$$
In Worten:
„Eine komplexe Zahl wird zu einer rein imaginären, wenn ihr reelles Glied verschwindet."

Erkl. 53. Die komplexen Zahlen umfassen alle Zahlen. $a+bi$ geht in die reelle Zahl a über, wenn b zu Null wird, und in die rein imaginäre Zahl bi, wenn a verschwindet. Da sich alle imaginären Zahlen, wie im ersten Teile dieses Werkes nachgewiesen wurde, auf die imaginäre Einheit zurückführen lassen, so ist es möglich, jede imaginäre Zahl mit Hilfe von $\sqrt{-1}$ auf die Form $a+b\cdot\sqrt{-1}$ zu bringen [vergl. Aufgabe 39, e)].

Wird dagegen b gleich Null, so ergibt sich:
$$a+bi = a+0\cdot i = a$$
In Worten:
„Eine komplexe Zahl geht in eine reelle über, wenn ihr imaginäres Glied verschwindet."

Sind beide reellen Bestandteile gleichzeitig gleich Null, so wird aus:
$$a+bi = 0+0\cdot i = 0$$
Hieraus ergibt sich der Satz:
„Eine komplexe Zahl wird zu Null, wenn ihr reelles und ihr imaginäres Glied gleichzeitig gleich Null werden." (Siehe Erkl. 5.)

Erkl. 53a. Die allgemeine Form der Zahlen ist die komplexe. Dies ergibt sich ohne weiteres aus der Erkl. 53.

Setzt man $a=\infty$, so erhält man:
$$a+bi = \infty + bi = \infty$$
und für $b = \infty$:
$$a+bi = a+\infty\cdot i = \infty$$
In Worten:
„Eine komplexe Zahl wird unendlich gross, wenn einer ihrer reellen Bestandteile (oder beide gleichzeitig) unendlich gross werden."

Erkl. 54. Dass $a+bi = 0$ ist, wenn sowohl $a=0$ als auch $b=0$ ist, lässt sich auch, wie folgt, beweisen. Die beiden Glieder der Komplexen sind ungleichartig, sie können sich also unmöglich gegenseitig aufheben, und es kann daher nur dann die komplexe Zahl verschwinden, wenn jedes Glied derselben gleichzeitig gleich Null ist.

Frage 25. Wann sind zwei komplexe Zahlen einander gleich?

Antwort. Zwei komplexe Zahlen sind einander gleich, wenn sie sowohl in ihren reellen als auch in ihren imaginären Gliedern vollständig übereinstimmen.

Behauptung.
$$a+bi = \alpha+\beta i$$
wenn $a=\alpha$ und $bi=\beta i$ oder $b=\beta$ ist.

Erkl. 55. Ein Satz aus der Lehre von den Gleichungen lautet:
„Man kann Glieder beliebig von der einen Seite der Gleichung auf die andere schaffen (transponieren), wenn man dabei ihre Vorzeichen umkehrt."

Beweis. Aus $a+bi = \alpha+\beta i$ folgt nach Erkl. 55:
oder: $a+bi-\alpha-\beta i = 0$
$(a-\alpha)+(b-\beta)i = 0$ (nach Erkl. 26)
Wäre nun $(b-\beta) \gtrless 0$, so würde $(a-\alpha)$, d. h. die Differenz zweier reellen Zahlen gleich einer imaginären Zahl sein. Da dieses widersinnig ist, so muss $(b-\beta) = 0$, d. h. $b=\beta$ und demnach auch $a=\alpha$ sein.

---

3) Ueber das Rechnen mit komplexen Zahlen.

Anmerkung 6. Da die komplexen Zahlen zweigliedrige Ausdrücke (sogen. Binomien) sind, so werden die für das Rechnen mit mehrgliedrigen Zahlen in der niederen Algebra aufgestellten Gesetze auch auf sie angewendet werden können, solange hierdurch keine Widersprüche entstehen.

a) Ueber das Addieren und Subtrahieren.

Frage 26. Wie werden zwei (oder mehrere) komplexe Zahlen addiert?

Erkl. 56. Die allgemeine Formel für die Summe zweier komplexer Zahlen lautet:
$(\pm a \pm bi) + (\pm \alpha \pm \beta i) =$
$(\pm a \pm \alpha) + (\pm b \pm \beta) \cdot i$

Antwort. Die Summe zweier (oder mehrerer) komplexen Zahlen ist wiederum eine komplexe Zahl, deren reelles Glied gleich der Summe der reellen Glieder und deren imaginäres Glied gleich der Summe der imaginären Glieder der gegebenen Komplexen ist.
Denn man erhält für:
$(a+bi)+(\alpha+\beta i) = a+\alpha+bi+\beta i =$
$(a+\alpha)+(b+\beta) \cdot i$ (nach Erkl. 26)

Frage 27. Was gibt die Summe zweier konjugierten komplexen Zahlen?

Antwort. Man erhält für:
$(a+bi)+(a-bi) = (a+a)+(b-b) \cdot i = 2a$
Hieraus folgt der Satz:
„Die Summe zweier konjugierten komplexen Zahlen ist reell."

Frage 28. Was gibt die Summe zweier associierten komplexen Zahlen?

Antwort. Es gibt:
$(a+bi)+(-a-bi) = (a-a)+(b-b) \cdot i = 0$
In Worten:
„Die Summe zweier associierten komplexen Zahlen ist gleich Null."

Frage 29. Wie werden zwei komplexe Zahlen von einander subtrahiert?

Erkl. 57. Vorstehende Frage lässt sich auch wie folgt beantworten:

„Man subtrahiert zwei komplexe Zahlen von einander, indem man das reelle Glied des Subtrahendus zu dem des Minuendus und das imaginäre Glied des Subtrahendus zu dem des Minuendus mit entgegengesetztem Vorzeichen addiert."

Erkl. 58. Die allgemeine Formel für die Differenz zweier komplexen Zahlen lautet:
$$(\pm a \pm bi) - (\pm \alpha \pm \beta i) =$$
$$(\pm a \mp \alpha) + (\pm b \mp \beta) \cdot i$$

Antwort. Die Differenz zweier komplexen Zahlen ist wiederum eine komplexe Zahl, deren reelles Glied gleich der Differenz der reellen Glieder und deren imaginäres Glied gleich der Differenz der imaginären Glieder der gegebenen Komplexen ist.

Denn man erhält:
$$(a+bi) - (\alpha + \beta i) = a + bi - \alpha - \beta i$$
(nach Erkl. 28a)

oder:
$$= (a-\alpha) + (b-\beta)i$$
(nach Erkl. 26)

Frage 30. Wann ist die Differenz zweier komplexen Zahlen gleich Null?

Antwort. Die Differenz zweier komplexen Zahlen ist gleich Null, wenn das reelle Glied des Minuendus gleich dem des Subtrahendus und zugleich das imaginäre Glied des Minuendus gleich dem des Subtrahendus ist.

Behauptung.
$$(a+bi) - (\alpha + \beta i) = 0$$
wenn $\alpha = a$ und $\beta i = bi$ oder $\beta = b$ ist.

Beweis.
$$(a+bi) - (\alpha + \beta i) = (a-\alpha) + (b-\beta)i$$
(nach Antwort auf Frage 29)

Ist nun $\alpha = a$ und $\beta = b$, so erhält man für:
$$(a+bi) - (\alpha + \beta i) = (a+bi) - (a+bi) =$$
$$(a-a) + (b-b)i = 0 + 0i = 0$$

Frage 31. Was gibt die Differenz zweier konjugierten komplexen Zahlen?

Erkl. 59. Ist die Komplexe $(a-bi)$ der Minuendus, so erhält man als Differenz eine negative imaginäre Zahl.

Denn es gibt:
$$(a-bi) - (a+bi) = a - bi - a - bi$$
(nach Erkl. 28a)

oder:
$$= -2bi$$

Antwort. Man erhält für:
$$(a+bi) - (a-bi) = a + bi - a + bi$$
(nach Erkl. 28a)

oder:
$$= +2bi$$

Hieraus ergibt sich der Satz:

„Die Differenz zweier konjugierten komplexen Zahlen ist imaginär."

Frage 32. Was erhält man für die Differenz zweier associierten komplexen Zahlen?

Antwort. Es gibt:
$$(a+bi) - (-a-bi) = a + bi + a + bi$$
(nach Erkl. 28a)

Ueber das Addieren und Subtrahieren.

Erkl. 60. Ist die Komplexe $(-a-bi)$ der Minuendus, so erhält man eine negative Differenz.

Denn es gibt:
$(-a-bi)-(a+bi) = -a-bi-a-bi$
$= -2\cdot(a+bi)$

oder: $= 2a+2bi$
d. i.: $= 2\cdot(a+bi)$
          (nach Erkl. 26)

In Worten:
„Die Differenz zweier associierten komplexen Zahlen ist wiederum eine komplexe Zahl."

α) Gelöste Aufgaben.

Aufgabe 18. Nachfolgende Ausdrücke sollen auf ihre einfachste Form gebracht werden:

a) $(\sqrt{36}+\sqrt{-25})+(\sqrt{-49}-2\cdot\sqrt{144})$
$+(i\cdot\sqrt{-81}-i\sqrt{64})$

Auflösungen. (Siehe die Anmerkungen 4 und 6.)

a) Sondert man zunächst die imaginäre Einheit ab und zieht man die Wurzeln, so erhält man für:

$(\sqrt{36}+\sqrt{-25})+(\sqrt{-49}-2\cdot\sqrt{144})$
$+(i\sqrt{-81}-i\sqrt{64}) =$
$(6+5i)+(7i-24)+(9i^2-8i)$

oder, weil $i^2 = -1$ ist [siehe Frage 4, c)]:
$= (6+5i)+(-24+7i)+(-9-8i)$

Nach Antwort auf Frage 26 gibt aber:
$(6+5i)+(-24+7i)+(-9-8i)$
$= (6-24-9)+(5+7-8)\cdot i$

oder:
$= -27+4i$

b) $\left(3\cdot\sqrt{-36a^2}+4\cdot\sqrt[3]{\frac{27b^6}{8}}\right)$
$+\left(5b^2\cdot\sqrt{\frac{49}{25}}-6a\cdot\sqrt{-81}\right)$
$+\left(7ab\cdot\sqrt[3]{\frac{64b^3}{a^3}}-8a\cdot\sqrt{-16}\right)$

b) Nach der Absonderung der imaginären Einheit und nach dem Ausziehen der Wurzeln gibt:

$\left(3\cdot\sqrt{-36a^2}+4\cdot\sqrt[3]{\frac{27b^6}{8}}\right)$
$+\left(5b^2\cdot\sqrt{\frac{49}{25}}-6a\cdot\sqrt{-81}\right)$
$+\left(7ab\cdot\sqrt[3]{\frac{64b^3}{a^3}}-8a\cdot\sqrt{-16}\right)$
$=\left(3\cdot 6\cdot a\cdot i+4\cdot\frac{3}{2}\cdot b^2\right)$
$+\left(5\cdot b^2\cdot\frac{7}{5}-6\cdot a\cdot 9\cdot i\right)$
$+\left(7ab\cdot\frac{4\cdot b}{a}-8a\cdot 4\cdot i\right)$

oder:
$= (18ai+6b^2)+(7b^2-54ai)$
$+(28b^2-32ai)$

Die Summe dieser komplexen Zahlen ist nach Antwort auf Frage 26:
$= (6b^2+7b^2+28b^2)+(18a-54a-32a)\cdot i$

oder:
$= 42b^2-68ai$

38 Das Rechnen mit imaginären und komplexen Zahlen.

c) $(-ai \cdot \sqrt{-b^4} + b \cdot \sqrt{-a^2}) +$
$(ab^2 - a \cdot \sqrt{-b^2})$

c) Man erhält für:
$(-ai \cdot \sqrt{-b^4} + b \cdot \sqrt{-a^2})$
$+ (ab^2 - a \cdot \sqrt{-b^2}) = (-ai \cdot b^2 \cdot i + abi)$
$+ (ab^2 - abi)$
oder:
$= (-ab^2 i^2 + abi) + (ab^2 - abi)$
oder, weil $i^2 = -1$ ist:
$= (ab^2 + abi) + (ab^2 - abi)$
Die Summe dieser konjugierten Komplexen gibt nach Antwort auf Frage 27:
$= +2ab^2$

---

d) $(0,6 + 0,8i) - \left(\dfrac{3}{5} - \sqrt{-0,64}\right)$

d) Es ist:
$(0,6 + 0,8i) - \left(\dfrac{3}{5} - \sqrt{-0,64}\right) =$
$(0,6 + 0,8i) - (0,6 - 0,8i) = +1,6i$
(nach Antwort auf Frage 31)

---

e) $(-2 \cdot \sqrt[4]{10000} + 4i^2 \cdot \sqrt{-36}) -$
$\left(2i\sqrt{-81} + \dfrac{4 \cdot \sqrt{30,25}}{i}\right)$

e) Es gibt der Minuendus:
$(-2 \cdot \sqrt[4]{10000} + 4i^2 \cdot \sqrt{-36}) =$
$(-2 \cdot 10 - 4 \cdot 6i)$
weil $i^2 = -1$ ist, oder:
$= (-20 - 24i)$
und der Subtrahendus:
$\left(2i\sqrt{-81} + \dfrac{4 \cdot \sqrt{30,25}}{i}\right) = (2i \cdot 9i - 4 \cdot 5,5 \cdot i)$
weil $\dfrac{1}{i} = -i$ ist [siehe Frage 4, a)], oder:
$= (-18 - 22i)$
Mithin erhält man für:
$(-2 \cdot \sqrt[4]{10000} + 4i^2 \cdot \sqrt{-36})$
$\quad - \left(2i \cdot \sqrt{-81} + \dfrac{4 \cdot \sqrt{30,25}}{i}\right)$
$= (-20 - 24i) - (-18 - 22i)$
$= (-20 + 18) + (-24 + 22) \cdot i$
(nach Erkl. 58)

oder:
$= -2 - 2i = -2 \cdot (1 + i)$
(nach Erkl. 26)

---

f) $\sqrt{-49} + \left[(4 - \sqrt{-64}) - \left(\sqrt{-100} + 5 \cdot \sqrt{\dfrac{4}{25}}\right)\right]$
$- \left[(3 \cdot \sqrt{-25} + 4 \cdot \sqrt[3]{512}) + \left(\sqrt[3]{32} - \sqrt{-2\dfrac{1}{4}}\right)\right]$
$- \left(3 \cdot \sqrt{-1\dfrac{7}{9}} - 5i \cdot \sqrt{-1\dfrac{9}{16}}\right)$

f) Man erhält nach Absonderung der imaginären Einheit für:

Ueber das Addieren und Subtrahieren.

$$\sqrt{-49} + \left[(4 - \sqrt{-64}) - \left(\sqrt{-100} + 5 \cdot \sqrt{\frac{4}{25}}\right)\right]$$
$$- \left[\left(3 \cdot \sqrt{-25} + 4 \cdot \sqrt[3]{512}\right) + \left(\sqrt[5]{32} - \sqrt{-2\frac{1}{4}}\right)\right]$$
$$- \left(3 \cdot \sqrt{-1\frac{7}{9}} - 5i \cdot \sqrt{-1\frac{9}{16}}\right)$$
$$= i \cdot \sqrt{49} + \left[(4 - i\sqrt{64}) - \left(i \cdot \sqrt{100} + 5 \cdot \sqrt{\frac{4}{25}}\right)\right]$$
$$- \left[\left(3i \cdot \sqrt{25} + 4 \cdot \sqrt[3]{512}\right) + \left(\sqrt[5]{32} - i \cdot \sqrt{\frac{9}{4}}\right)\right]$$
$$- \left(3i \cdot \sqrt{\frac{16}{9}} - 5i^2 \cdot \sqrt{\frac{25}{16}}\right)$$

oder, wenn man die Wurzeln zieht und für $i^2 = -1$ setzt:
$$= 7i + [(4 - 8i) - (10i + 2)] -$$
$$\left[(15i + 32) + \left(2 - \frac{3}{2}i\right)\right] - \left(4i + \frac{25}{4}\right)$$

oder nach den Antworten auf die Fragen 26 und 29:
$$= 7i + (2 - 18i) -$$
$$\left(34 + 13\frac{1}{2}i\right) - \left(6\frac{1}{4} + 4i\right)$$
oder:
$$= \left(2 - 34 - 6\frac{1}{4}\right) + \left(7 - 18 - 13\frac{1}{2} - 4\right)i$$
d. i.:
$$= -38\frac{1}{4} - 28\frac{1}{2}i$$
$$= -\left(38\frac{1}{4} + 28\frac{1}{2}i\right)$$

g) $(2 + \sqrt{-9}) - \left\{(1 - \sqrt{-144}) + [(2 + \sqrt{-100}) - (3 - \sqrt{-169})] + (4 + \sqrt{-576})\right\}$
$- \left\{(5 - \sqrt{-4}) - [(6 + \sqrt{-36}) - (7 - \sqrt{-400})] + (8 + \sqrt{-196})\right\}$

g) Es gibt nach dem Ausziehen der Wurzeln:
$(2 + \sqrt{-9}) - \left\{(1 - \sqrt{-144}) + [(2 + \sqrt{-100}) - (3 - \sqrt{-169})] + (4 + \sqrt{-576})\right\}$
$- \left\{(5 - \sqrt{-4}) - [(6 + \sqrt{-36}) - (7 - \sqrt{-400})] + (8 + \sqrt{-196})\right\}$
$= (2 + 3i) - \left\{(1 - 12i) + [(2 + 10i) - (3 - 13i)] + (4 + 24i)\right\}$
$\quad - \left\{(5 - 2i) - [(6 + 6i) - (7 - 20i)] + (8 + 14i)\right\}$

oder nach Auflösung der runden Klammern
$= 2 + 3i - \left\{1 - 12i + [2 + 10i - 3 + 13i] + 4 + 24i\right\}$
$\quad - \left\{5 - 2i - [6 + 6i - 7 + 20i] + 8 + 14i\right\}$

oder kürzer:
$= 2 + 3i - \left\{5 + 12i + [-1 + 23i]\right\} - \left\{13 + 12i - [-1 + 26i]\right\}$

sodann nach Auflösung der eckigen Klammern
$= 2 + 3i - \left\{5 + 12i - 1 + 23i\right\} - \left\{13 + 12i + 1 - 26i\right\}$

40 Das Rechnen mit imaginären und komplexen Zahlen.

und nach Vereinigung der Glieder in den Klammern:
$$= 2 + 3i - \{4 + 35i\} - \{14 - 14i\}$$
endlich nach Auflösung der letzten Klammern:
$$= 2 + 3i - 4 - 35i - 14 + 14i \quad \text{(nach Erkl. 28 a)}$$
d. i.:
$$= -16 - 18i$$
oder:
$$= -2 \cdot (8 + 9i) \quad \text{(nach Erkl. 26)}$$

β) Ungelöste Aufgaben.

Aufgabe 19. Es sind die nachstehenden Ausdrücke auf ihre einfachste Form zu bringen:

a) $(\sqrt{121} + \sqrt{-289}) + (\sqrt[3]{729} - 2 \cdot \sqrt{-256}) + (i \cdot \sqrt{-225} - i \cdot \sqrt{324})$

Andeutungen.
a) Auflösung analog der Auflösung von Aufgabe 18, a).

b) $(2 \cdot \sqrt[3]{125} + 3 \cdot \sqrt{-16}) - \left(-\frac{i}{3} \cdot \sqrt{-729} + \sqrt{-121}\right)$

b) Auflösung analog der Auflösung von Aufgabe 18, e).

c) $\left(-2 \cdot \sqrt{-\frac{1}{4}a^2b^4} + 3 \cdot \sqrt[3]{-\frac{1}{27}a^6}\right) + \left(4 \cdot \sqrt[3]{\frac{a^6}{64}} + a \cdot \sqrt{-b^4}\right)$

c) Auflösung mit Hilfe der Antwort auf Frage 32 durchzuführen.

d) $(0{,}45 + \sqrt{-3{,}61}) - \left(\frac{9}{20} - 1{,}9 i\right)$

d) Auflösung analog der Auflösung von Aufgabe 18, d).

e) $\sqrt{-\frac{9}{25}} - \left[\left(5 - \sqrt{-\frac{1}{4}}\right) - \left(\sqrt{-12\frac{1}{4}} + 4 \cdot \sqrt[3]{-\frac{1}{8}}\right)\right]$
$- \left[\left(3 \cdot \sqrt[4]{81} + \sqrt{-2\frac{14}{25}}\right) - \left(\sqrt{-3\frac{1}{16}} + 2\right)\right]$

e) Auflösung analog der Auflösung von Aufgabe 18, f).

f) $(3 + \sqrt{-400}) - \{(4 - \sqrt{-256}) + [(5 + \sqrt{-1296}) - (6 - \sqrt{-900})]$
$- [(7 - \sqrt{-625}) + (8 + \sqrt{-441})] - (9 - \sqrt{-529})\}$

f) Auflösung analog der Auflösung von Aufgabe 18, g).

g) $\left(-\sqrt[3]{-\frac{343 x^3}{y^6 z^9}} + 2x \cdot \sqrt{-144 y^2 z^2}\right) + \left(\frac{7x}{y^2 z^3} + 24 x^3 y^2 i \cdot \sqrt{-\frac{z^2}{x^2 z^2}}\right)$

g) Auflösung mit Hilfe der Antwort auf Frage 27 durchzuführen.

b) Ueber das Multiplizieren.

Frage 33. Wie werden zwei komplexe Zahlen miteinander multipliziert?

Erkl. 61. Da sich imaginäre Zahlen mit reellen multiplizieren lassen (vergl. Erkl. 34), so lässt sich das Produkt zweier komplexen Zahlen nach der für das Produkt zweier mehrgliedrigen Grössen aufgestellten Regel entwickeln.

Erkl. 61a. Die allgemeine Formel des Produktes zweier komplexen Zahlen lautet:
$$(\pm a \pm bi)\cdot(\pm \alpha \pm \beta i) =$$
$$(\pm a\alpha \mp b\beta) + (\pm \alpha b \pm a\beta)\cdot i$$

Erkl. 62. Sollen mehr als zwei komplexe Zahlen miteinander multipliziert werden, so multipliziere man zuerst irgend zwei derselben und die sich hieraus ergebende Komplexe mit der dritten u. s. f.

Antwort. Man erhält (nach Erkl. 36) für:
$$(a+bi)\cdot(\alpha+\beta i) = a\alpha + bi\alpha + a\beta i + b\beta i^2$$
oder, weil $i^2 = -1$ ist:
$$= (a\alpha - b\beta) + (\alpha b + a\beta)\cdot i$$

Hieraus ergeben sich die Sätze:
1) „Zwei komplexe Zahlen werden miteinander multipliziert, indem man jedes Glied der einen Komplexen mit jedem Gliede der anderen multipliziert und die Produkte addiert."
2) „Das Produkt zweier komplexen Zahlen ist wiederum eine komplexe Zahl."

Frage 34. Wie wird eine Komplexe mit irgend einer
  a) reellen,
  b) imaginären
Zahl multipliziert?

Erkl. 63. Das gleiche Resultat wie in nebenstehender Antwort erhält man, wenn man in dem Produkte $(a+bi)\cdot(\alpha+\beta i)$ für $\beta = 0$, bezw. für $\alpha = 0$ setzt. Ist $\beta = 0$, so ergibt sich:
$$(a+bi)\cdot(\alpha+\beta i) = (a+bi)\cdot\alpha$$
$$= (a\alpha - b\cdot 0) + \alpha b + a\cdot 0)i$$
(nach Antwort auf Frage 33)
oder:
$$= a\alpha + \alpha bi$$
Ist $\alpha = 0$, so erhält man:
$$(a+bi)\cdot(\alpha+\beta i) = (a+bi)\cdot\beta i$$
$$= (a\cdot 0 - b\beta) + (0\cdot b + a\beta)i$$
oder:
$$= -b\beta + a\beta i$$

Antwort. Eine komplexe Zahl wird mit irgend einer (reellen oder imaginären) Zahl multipliziert, indem man jedes Glied der Komplexen mit der Zahl multipliziert. (Dies folgt aus Erkl. 34.)
Es gibt:
$$(a+bi)\cdot\alpha = a\cdot\alpha + \alpha bi$$
und
$$(a+bi)\cdot\beta i = a\beta i + b\beta i^2 = a\beta i - b\beta$$

Frage 35. Was erhält man für das Produkt zweier konjugierten komplexen Zahlen?

Erkl. 64. Dasselbe Resultat wie in nebenstehender Antwort erhält man bei Anwendung der Erkl. 37. Hiernach gibt:
$$(a+bi)\cdot(a-bi) = a^2 - (bi)^2 = a^2 - b^2 i^2$$
$$= a^2 + b^2$$

Antwort. Es ist:
$$(a+bi)\cdot(a-bi) = (a\cdot a + b\cdot b) + (ab - ab)i$$
oder:
$$= a^2 + b^2$$

Hieraus ergeben sich folgende Sätze:
1) „Das Produkt zweier konjugierten komplexen Zahlen ist reell."

Erkl. 65. Die reelle, durch $(a+bi)$ und $(a-bi)$ teilbare, stets positive Zahl (a^2+b^2) wird nach Gauss (Theor. resid. biqu. 30) die „Norm" der Komplexen $(a+bi)$ bezw. $(a-bi)$ genannt. Die positive Quadratwurzel aus dem Produkte zweier konjugierten komplexen Zahlen wird nach Cauchy (Anal. algebr.) mit dem Worte „Modulus" oder „Modul" bezeichnet. Der Modul der komplexen Zahlen $(a+bi)$ bezw. $(a-bi)$ ist demnach $\sqrt{a^2+b^2}$. (Vergl. auch Antwort auf Frage 55.)

2) „Das Produkt zweier konjugierten Zahlen ist gleich ihrer Norm (oder gleich dem Quadrate ihrer Moduln)."

Erkl. 66. Die Norm ist gleich dem Quadrate des Modulus.

Erkl. 67. Da die Norm von $(a+bi)$ gleich (a^2+b^2) und die von $(a-bi)$ ebenfalls gleich (a^2+b^2) ist (nach Erkl. 65), so ist die Norm des Produktes von $(a+bi) \cdot (a-bi)$ gleich $(a^2+b^2) \cdot (a^2+b^2) = (a^2+b^2)^2$. Allgemein erhält man als Norm des Produktes der beiden Komplexen $(a+bi)$ und $(\alpha+\beta i)$ die Zahl $(a\alpha-b\beta)^2 + (\alpha b + a\beta)^2$ (siehe Antwort auf Frage 33). Denn setzt man hierin für $\alpha = a$ und für $\beta = -b$, so erhält man:

$$(a^2+b^2)^2 + (ab-ab)^2 = (a^2+b^2)^2$$

wie vorher für die Norm von $(a+bi) \cdot (a-bi)$.

Erkl. 68. Die Worte „Norm" und „Modulus" stammen aus dem Lateinischen. Ersteres bedeutet „Richtschnur", letzteres „Maass".

(Vergl. auch Teil C.)

Frage 36. Was erhält man für das Produkt zweier associierten komplexen Zahlen?

Antwort. Man erhält für:
$(a+bi) \cdot (-a-bi) = -a^2 - abi - abi - b^2 i^2$
oder, da $i^2 = -1$ ist:
$= -a^2 - 2abi + b^2$

Frage 37. Was gibt die Norm (der Modulus) des Produktes zweier (oder auch beliebig vieler) komplexen Zahlen?

Erkl. 69. Das Quadrat der Summe zweier Zahlen ist gleich der Summe ihrer Quadrate, vermehrt um das doppelte Produkt der beiden Zahlen.

In Zeichen:
$$(a+b)^2 = a^2 + b^2 + 2ab$$

Erkl. 70. Das Quadrat der Differenz zweier Zahlen ist gleich der Summe ihrer Quadrate, vermindert um das doppelte Produkt der beiden Zahlen.

In Zeichen:
$$(a-b)^2 = a^2 + b^2 - 2ab$$

Antwort. Die Norm des Produktes der beiden komplexen Zahlen $(a+bi)$ und $(\alpha+\beta i)$ ist nach Erkl. 67 die reelle Zahl:
$$(a\alpha - b\beta)^2 + (\alpha b + a\beta)^2$$

Löst man die Quadrate auf, so ergibt sich:

$(a\alpha - b\beta)^2 + (\alpha b + a\beta)^2 = a^2\alpha^2 + b^2\beta^2$
$\qquad\qquad - 2a\alpha b\beta + \alpha^2 b^2 + a^2\beta^2 + 2a\alpha b\beta$

(nach den Erkl. 69 und 70)

oder:
$\qquad = (a^2\alpha^2 + \alpha^2 b^2) + (a^2\beta^2 + b^2\beta^2)$

oder nach Erkl. 26:
$\qquad = \alpha^2 \cdot (a^2 + b^2) + \beta^2 \cdot (a^2 + b^2)$

d. i.:
$\qquad = (a^2 + b^2) \cdot (\alpha^2 + \beta^2)$

Erkl. 71. Das in der Antwort auf Frage 37 entwickelte Gesetz lässt sich auf **jedes** Produkt von zwei, die Summe zweier Quadrate darstellenden Zahlen anwenden; dieses Produkt wird immer gleich der Summe zweier Quadrate sein; z. B. gibt:

$$(5^2 + 6^2) \cdot (4^2 + 3^2) = (5 \cdot 4 - 6 \cdot 3)^2 + (4 \cdot 6 + 5 \cdot 3)^2 = 2^2 + 39^2$$

denn:
$$2^2 + 39^2 = 4 + 1521 = 1525$$

Dasselbe erhält man aber auch auf folgendem, einfacherem Wege. Es ist:
$$(5^2 + 6^2) \cdot (4^2 + 3^2) = (25 + 36) \cdot (16 + 9)$$
$$= 61 \cdot 25 = 1525$$

Hieraus folgt der Satz:

„Die Norm des Produktes zweier (oder beliebig vieler) komplexen Zahlen ist gleich dem Produkte aus den Normen der einzelnen Faktoren."

[Auf gleiche Weise erhält man auch für den **Modulus** des Produktes der Komplexen $(a+bi)$ und $(\alpha+\beta i)$:

$$\sqrt{(a\alpha - b\beta)^2 + (\alpha b + a\beta)^2} = \sqrt{a^2 + b^2} \cdot \sqrt{\alpha^2 + \beta^2}$$

In Worten:

„Der Modulus des Produktes zweier (oder beliebig vieler) komplexen Zahlen ist gleich dem Produkte aus den Moduln der einzelnen Faktoren."]

---

a) Gelöste Aufgaben.

Aufgabe 20. Nachstehende Produkte sind auf ihre einfachste Form zu bringen:

a) $(18 - i\sqrt{3}) \cdot \sqrt{-27}$

Auflösungen.

a) Nach der Antwort auf Frage 34 erhält man für:
$$(18 - i\sqrt{3}) \cdot \sqrt{-27} = 18 i \sqrt{27} - i^2 \cdot \sqrt{3} \cdot \sqrt{27}$$

oder, wenn man den Radikandus 27 in zwei Faktoren so zerlegt, dass wenigstens die Wurzel gezogen werden kann, und die Erkl. 9 berücksichtigt:
$$= 18 i \cdot \sqrt{9 \cdot 3} - i^2 \cdot \sqrt{81}$$
d. i.:
$$= 54 i \sqrt{3} + 9$$
weil $i^2 = -1$ ist.

---

b) $(9 - \sqrt{-144}) \cdot (3 + 5i)$

b) Für:
$$(9 - \sqrt{-144}) \cdot (3 + 5i)$$
kann man auch schreiben:
$$(9 - 12i) \cdot (3 + 5i)$$
und dieses Produkt gibt nach der Antwort auf Frage 33:
$$= 9 \cdot 3 - 12i \cdot 3 + 9 \cdot 5i - 12i \cdot 5i =$$
$$(27 + 60) + (-36 + 45)i$$
d. i.:
$$= 87 + 9i$$

---

c) $4 \cdot \sqrt{-2{,}25} \cdot (3 i \cdot \sqrt{-2{,}56} - 2 \cdot \sqrt{-2{,}89})$

c) Nach Absonderung der imaginären Einheit erhält man für:
$$4 \cdot \sqrt{-2{,}25} \cdot (3 i \cdot \sqrt{-2{,}56} - 2 \cdot \sqrt{-2{,}89}) = 4 i \cdot \sqrt{2{,}25} \cdot (3 i^2 \cdot \sqrt{2{,}56} - 2 i \cdot \sqrt{2{,}89})$$

und wenn man die Wurzeln zieht und nach der Antwort auf Frage 34 ausmultipliziert:
$$= 4 \cdot 1{,}5 \cdot 3 \cdot 1{,}6 \cdot i^3 - 4 \cdot 1{,}5 \cdot 2 \cdot 1{,}7 \cdot i^2 =$$
$$28{,}8\, i^3 - 20{,}4\, i^2$$
oder, weil $i^2 = -1$ und $i^3 = -i$ ist (siehe Antwort auf Frage 5):
$$= 20{,}4 - 28{,}8\, i$$

d) $(3 \cdot \sqrt{9} - 6\, i^2 \cdot \sqrt{-1}) \cdot (\sqrt[4]{81} + \sqrt{-49})$

d) Es gibt:
$$(3 \cdot \sqrt{9} - 6\, i^2 \cdot \sqrt{-1}) \cdot (\sqrt[4]{81} + \sqrt{-49}) =$$
$$(9 - 6\, i^3) \cdot (8 + 7\, i)$$
oder, weil $i^3 = -i$ ist:
$$= (9 + 6\, i) \cdot (8 + 7\, i)$$
Nach der Antwort auf Frage 33 erhält man aber für:
$$(9 + 6\, i) \cdot (8 + 7\, i) = (9 \cdot 8 - 6 \cdot 7) + (8 \cdot 6 + 9 \cdot 7)\, i$$
$$= (27 - 42) + (18 + 63)\, i$$
d. i.:
$$= -15 + 81\, i$$

e) $\left(\dfrac{b}{a} \cdot \sqrt{6{,}25} + \sqrt{-\dfrac{1{,}96}{a^2}}\right) \cdot \left(5 \cdot \sqrt{\dfrac{b^2}{a^2}} - \dfrac{7}{a} \cdot \sqrt{-0{,}04}\right)$

e) Zunächst erhält man nach der Absonderung der imaginären Einheit und nach dem Wurzelziehen für:
$$\left(\dfrac{b}{a} \cdot \sqrt{6{,}25} + \sqrt{-\dfrac{1{,}96}{a^2}}\right) \cdot \left(5 \cdot \sqrt{\dfrac{b^2}{a^2}} - \dfrac{7}{a} \cdot \sqrt{-0{,}04}\right) =$$
$$\left(\dfrac{2{,}5\, b}{a} + \dfrac{1{,}4\, i}{a}\right) \cdot \left(\dfrac{5\, b}{a} - \dfrac{1{,}4\, i}{a}\right)$$
also zwei **konjugierte komplexe Zahlen**.
Ihr Produkt gibt nach der Antwort auf Frage 35:
$$= \left(\dfrac{2{,}5\, b}{a}\right)^2 + \left(\dfrac{1{,}4}{a}\right)^2$$
oder:
$$= \dfrac{6{,}25\, b^2}{a^2} + \dfrac{1{,}96}{a^2}$$
oder nach Erkl. 26:
$$= \dfrac{1}{a^2} \cdot (6{,}25\, b^2 + 1{,}96)$$

f) $\left(-\dfrac{1}{2} + \sqrt{-\dfrac{3}{4}}\right) \cdot \left(-\dfrac{1}{2} - \sqrt{-\dfrac{3}{4}}\right)$

f) Nach der Antwort auf Frage 33 gibt:
$$\left(-\dfrac{1}{2} + \sqrt{-\dfrac{3}{4}}\right) \cdot \left(-\dfrac{1}{2} - \sqrt{-\dfrac{3}{4}}\right)$$
$$= +\dfrac{1}{4} - \dfrac{1}{2} \cdot \sqrt{-\dfrac{3}{4}} + \dfrac{1}{2} \cdot \sqrt{-\dfrac{3}{4}} - \left(\sqrt{-\dfrac{3}{4}}\right)^2$$
oder:
$$= +\dfrac{1}{4} - \left(-\dfrac{3}{4}\right) = +\dfrac{1}{4} + \dfrac{3}{4} = +1$$

g) $\left(2i \cdot \sqrt{5\tfrac{1}{7}} - 3 \cdot \sqrt{-7} - 4i \cdot \sqrt{-343}\right) \cdot \left(\sqrt{7} - i\sqrt{5\tfrac{1}{7}}\right)$

g) Man erhält nach Erkl. 35 für:

$\left(2i \cdot \sqrt{5\tfrac{1}{7}} - 3 \cdot \sqrt{-7} - 4i \cdot \sqrt{-343}\right) \cdot \left(\sqrt{7} - i\sqrt{5\tfrac{1}{7}}\right)$

$= 2i \cdot \sqrt{5\tfrac{1}{7}} \cdot \sqrt{7} - 3i\sqrt{7} \cdot \sqrt{7}$

$\quad - 4i^2 \cdot \sqrt{343} \cdot \sqrt{7} - 2 \cdot \sqrt{5\tfrac{1}{7}} \cdot i^2 \cdot \sqrt{5\tfrac{1}{7}}$

$\quad + 3 \cdot i\sqrt{5\tfrac{1}{7}} \cdot i^2 \cdot \sqrt{7} + 4i^3 \cdot \sqrt{5\tfrac{1}{7}} \cdot \sqrt{343}$

oder nach Erkl. 9:

$= 2i \cdot \sqrt{\tfrac{36}{7} \cdot 7} - 3i \cdot \sqrt{7^2} - 4i^2 \cdot \sqrt{2401} - 2i^2 \cdot \sqrt{\left(5\tfrac{1}{7}\right)^2}$

$\quad + 3i^2 \cdot \sqrt{\tfrac{36}{7} \cdot 7} + 4i^3 \cdot \sqrt{\tfrac{36}{7} \cdot 343}$

oder, wenn man die Wurzeln zieht und für $i^2 = -1$ und $i^3 = -i$ setzt:

$= 12i - 21i + 196 + 10\tfrac{2}{7} - 18 - 168i$

oder vereinigt:

$= 188\tfrac{2}{7} - 177i$

h) $(x - y - zi) \cdot (-x - y + zi)$

h) Wenn man die erste Klammer zunächst nur mit dem ersten Gliede der zweiten multipliziert, so erhält man:

$(x - y - zi) \cdot (-x) = -x^2 + xy + xzi$
(nach Antwort auf Frage 84)

und wenn man die erste Klammer nur mit dem zweiten Gliede der zweiten multipliziert:

$(x - y - zi) \cdot (-y) = -xy + y^2 + yzi$

und wenn man sie schliesslich nur mit dem letzten Gliede multipliziert:

$(x - y - zi) \cdot (+zi) = xzi - yzi + z^2$

Folglich gibt:

$(x - y - zi) \cdot (-x + y + zi) = -x^2 + xy + xzi - xy + y^2 + yzi + xzi - yzi + z^2$

oder vereinigt:

$= x^2 + y^2 + z^2 + 2xzi$

i) $\left(\sqrt{-24} - 3 \cdot \sqrt{\tfrac{3}{2}} + 3i\right) \cdot \left(12 \cdot \sqrt{-\tfrac{1}{6}} + \sqrt{48} - 2 \cdot \sqrt{-\tfrac{2}{3}}\right)$

i) Nach Erkl. 36 gibt:

$\left(\sqrt{-24} - 3 \cdot \sqrt{\tfrac{3}{2}} + 3i\right) \cdot \left(12 \cdot \sqrt{-\tfrac{1}{6}} + \sqrt{48} - 2 \cdot \sqrt{-\tfrac{2}{3}}\right)$

$= 12i^2 \cdot \sqrt{24} \cdot \sqrt{\tfrac{1}{6}} - 36i \cdot \sqrt{\tfrac{3}{2}} \cdot \sqrt{\tfrac{1}{6}} + 36i^2 \cdot \sqrt{\tfrac{1}{6}}$

$\quad + i \cdot \sqrt{24} \cdot \sqrt{48} - 3 \cdot \sqrt{\tfrac{3}{2}} \cdot \sqrt{48} + 3i \cdot \sqrt{48}$

$\quad - 2i^2 \cdot \sqrt{24} \cdot \sqrt{\tfrac{2}{3}} + 6i\sqrt{\tfrac{3}{2}} \cdot \sqrt{\tfrac{2}{3}} - 6i^2 \cdot \sqrt{\tfrac{2}{3}}$

Erkl. 72. Man erhält für:
$$\sqrt{1152} = \sqrt{576 \cdot 2} = 24 \cdot \sqrt{2}$$
$$\sqrt{72} = \sqrt{36 \cdot 2} = 6 \cdot \sqrt{2}$$
$$\sqrt{48} = \sqrt{16 \cdot 3} = 4 \cdot \sqrt{3}$$
$$6 \cdot \sqrt{\tfrac{2}{3}} = 6 \cdot \sqrt{\tfrac{4}{6}} = 6 \cdot 2 \cdot \sqrt{\tfrac{1}{6}} = 12 \cdot \sqrt{\tfrac{1}{6}}$$
$$\sqrt{2} = 1{,}414$$
$$\sqrt{\tfrac{1}{6}} = 0{,}408$$
$$\sqrt{3} = 1{,}732$$

Erkl. 72 a. Genügt ein nur auf 3 Dezimalstellen genaues Resultat, so ist:
$$-2 \cdot \left(8 + 9\sqrt{2} + 12\sqrt{\tfrac{1}{6}}\right) +$$
$$12i(-1 + 2\sqrt{2} + \sqrt{3}) =$$
$$-2 \cdot (8 + 12{,}726 + 4{,}896) +$$
$$12i(-1 + 2{,}828 + 1{,}732) =$$
$$-51{,}244 + 42{,}720 i$$

und wenn man $i^2 = -1$ setzt und nach Erkl. 9 verfährt:
$$= -12 \cdot \sqrt{4} - 36 i \cdot \sqrt{\tfrac{1}{4}} - 36 \cdot \sqrt{\tfrac{1}{6}}$$
$$+ i \cdot \sqrt{1152} - 3 \cdot \sqrt{72} + 3i\sqrt{48}$$
$$+ 2 \cdot \sqrt{16} + 6i\sqrt{1} + 6\sqrt{\tfrac{2}{3}}$$

und, falls man soweit als möglich die Wurzeln zieht (siehe Erkl. 72) und für $\sqrt{1} = 1$ setzt:
$$= -24 - 18i - 36 \cdot \sqrt{\tfrac{1}{6}} + 24i\sqrt{2}$$
$$-18\sqrt{2} + 12i\sqrt{3} + 8 + 6i + 12\sqrt{\tfrac{1}{6}}$$

oder vereinigt:
$$= -16 - 18 \cdot \sqrt{2} - 24 \cdot \sqrt{\tfrac{1}{6}} - 12i$$
$$+ 24i\sqrt{2} + 12i\sqrt{3}$$

oder:
$$= -2 \cdot \left(8 + 9\sqrt{2} + 12\sqrt{\tfrac{1}{6}}\right)$$
$$+ 12i(-1 + 2 \cdot \sqrt{2} + \sqrt{3})$$
(siehe Erkl. 72 a)

Aufgabe 21. Es ist die Norm und der Modulus der komplexen Zahl $3 + 4i$ zu berechnen.

Auflösung. Nach Erkl. 65 ist die Norm von $3 + 4i$ die Zahl:
$$3^2 + 4^2 = 9 + 16 = +25$$
und der Modulus die Zahl:
$$\sqrt{+25} = +5$$
weil letzterer ebenfalls stets positiv genommen werden muss. (Vergl. Abschnitt C.)

Aufgabe 22. Es ist die Norm und der Modulus des Produktes der komplexen Zahlen:
$$(2 + 2\sqrt{-3}) \text{ und } (3 - 5 \cdot \sqrt{-1})$$
zu ermitteln.

Auflösung. Nach Erkl. 67 ist die Norm von:
$$(2 + 2\sqrt{-3}) \cdot (3 - 5\sqrt{-1})$$
die reelle Zahl:
$$(2 \cdot 3 - 2 \cdot \sqrt{3} \cdot 5)^2 + (3 \cdot 2 \cdot \sqrt{3} + 2 \cdot 5)^2$$
oder nach der Antwort auf Frage 37:
$$= [2^2 + (2 \cdot \sqrt{3})^2] \cdot [3^2 + (5)^2] =$$
$$(4 + 12) \cdot (9 + 25) = 16 \cdot 34 = +544$$
und der Modulus die reelle Zahl:
$$\sqrt{+544} = 23{,}32 \ldots$$

β) Ungelöste Aufgaben.

Aufgabe 23. Man soll die nachfolgenden Produkte auf ihre einfachste Form bringen:

a) $(0{,}2 + i\sqrt{0{,}01}) \cdot \sqrt{-0{,}01}$

Andeutungen.
a) Auflösung analog der Auflösung von Aufgabe 20, a).

b) $(3 - 2\sqrt{-1}) \cdot \left(2 + 3 \cdot \sqrt{-\frac{1}{9}}\right)$ b) Auflösung analog der Auflösung von Aufgabe 20, b).

c) $\left(\frac{1}{3} \cdot \sqrt{81} - i^2 \cdot \sqrt{-16}\right) \cdot \left(\frac{1}{6} \cdot \sqrt{324} - 2 \cdot \sqrt{-4}\right)$

c) Auflösung analog der Auflösung von Aufgabe 20, e).

d) $\left(-\frac{1}{3} + \sqrt{-\frac{7}{9}}\right) \cdot \left(-\frac{1}{3} - \sqrt{-\frac{7}{9}}\right)$ d) Auflösung analog der Auflösung von Aufgabe 20, f).

e) $\left(\sqrt{-x} + \sqrt{y} - \sqrt{-xy} - \sqrt{-\frac{x}{y}}\right) \cdot \sqrt{-xy}$

e) Auflösung nach der Antwort auf Frage 34 durchzuführen.

f) $(a - b - ci) \cdot (a + b + ci)$ f) Auflösung analog der Auflösung von Aufgabe 20, h).

g) $\left(2 \cdot \sqrt{-6} + 3 \cdot \sqrt{\frac{2}{3}} - 4i\right) \cdot \left(5 \cdot \sqrt{-6} - 7 \cdot \sqrt{\frac{3}{2}} + 10i\right)$

g) Auflösung analog der Auflösung von Aufgabe 20, i).
(Für $\sqrt{+1}$ ist $+1$ zu setzen.)

h) $(1 + i) \cdot (-1 - i) \cdot \left(-\sqrt{\frac{1}{3}} + \sqrt{-\frac{1}{3}}\right) \cdot \left(+\sqrt{\frac{1}{3}} - \sqrt{-\frac{1}{3}}\right)$

h) Man multipliziere zunächst die beiden ersten Klammern und darauf die beiden letzten Klammern und schliesslich die aus beiden Produkten sich ergebenden Werte miteinander (nach der Antwort auf Frage 33) und vereinige das Gleichnamige.

Aufgabe 24. Es ist die Norm und der Modulus der komplexen Zahl:
$$14 - \sqrt{-29}$$
zu berechnen.

Andeutung. Auflösung analog der Auflösung von Aufgabe 21.

Aufgabe 25. Es ist die Norm und der Modulus des Produktes der komplexen Zahlen: $(1,5 - 2i)$, $(\sqrt{3} + \sqrt{-6})$ und $(-4 - i\sqrt{20})$ zu ermitteln.

Andeutung. Auflösung nach der Antwort auf Frage 37 durchzuführen, wie in Aufgabe 22 gezeigt wurde.

c) Ueber das Dividieren.

Frage 38. Wie werden zwei komplexe Zahlen durch einander dividiert?

Erkl. 73. Der Wert eines Bruches ändert sich nicht, wenn man den Zähler und Nenner desselben mit derselben Zahl multipliziert.

Antwort. Zwei komplexe Zahlen werden durch einander dividiert, indem man sowohl den Dividendus als auch den Divisor mit dem Konjugierten des letzteren multipliziert.

Erkl. 74. Die allgemeine Formel für die Division zweier komplexen Zahlen lautet:

$$\frac{\pm a + bi}{\pm \alpha \pm \beta i} = \frac{(\pm a\alpha + b\beta)}{\alpha^2 + \beta^2} + \frac{(\pm \alpha b \mp a\beta)i}{\alpha^2 + \beta^2}$$

Hiernach ist:

$$\frac{a+bi}{\alpha+\beta i} = \frac{(a+bi)\cdot(\alpha-\beta i)}{(\alpha+\beta i)\cdot(\alpha-\beta i)}$$

(nach Erkl. 72)

oder:

$$= \frac{(a\alpha+b\beta)+(\alpha b - a\beta)i}{\alpha^2+\beta^2}$$

(nach den Antworten auf die Fragen 33 u. 35)

oder, falls der Quotient der beiden Komplexen als eine komplexe Zahl dargestellt werden soll:

$$= \frac{(a\alpha+b\beta)}{\alpha^2+\beta^2} + \frac{(\alpha b - a\beta)i}{\alpha^2+\beta^2}$$

Frage 39. Was erhält man bei der Division zweier konjugierten komplexen Zahlen?

Erkl. 74 a. Ist $(a+bi)$ der Divisor und $(a-bi)$ der Dividendus, so erhält man:

$$\frac{a-bi}{a+bi} = \frac{(a-bi)\cdot(a-bi)}{(a+bi)\cdot(a-bi)} =$$

$$\frac{a^2-b^2-2abi}{a^2+b^2} = \frac{a^2-b^2}{a^2+b^2} - \frac{2abi}{a^2+b^2}$$

Antwort. Man erhält für:

$$\frac{a+bi}{a-bi} = \frac{(a+bi)\cdot(a+bi)}{(a-bi)\cdot(a+bi)}$$

(nach Antwort auf Frage 38)

oder:

$$= \frac{a^2-b^2+2abi}{a^2+b^2}$$

(nach den Erkl. 69 und 37)

oder auch:

$$= \frac{a^2-b^2}{a^2+b^2} + \frac{2abi}{a^2+b^2}$$

Hieraus ergibt sich der Satz:

„Der Quotient zweier konjugierten komplexen Zahlen ist komplex."

Frage 40. Wie wird eine komplexe Zahl durch eine
 a) reelle,
 b) imaginäre
Zahl dividiert?

Erkl. 75. Dasselbe Resultat wie in nebenstehender Antwort erhält man auch aus der Antwort auf Frage 38 wie folgt.

Setzt man in $\frac{a+bi}{\alpha+\beta i}$ für $\alpha = 0$, so erhält man für:

$$\frac{a+bi}{\alpha+\beta i} = \frac{a+bi}{\alpha+\beta i}$$

und für die in der Antwort auf Frage 38 gegebene Lösung:

$$\frac{(a\alpha+b\beta)+(\alpha b-a\beta)i}{\alpha^2+\beta^2} = \frac{(0+b\beta)+(0-a\beta)i}{0+\beta^2}$$

d. i.:

$$= \frac{b\beta}{\beta^2} - \frac{a\beta i}{\beta^2}$$

oder:

$$= \frac{b}{\beta} - \frac{ai}{\beta}$$

Antwort. Eine komplexe Zahl wird durch eine (reelle oder imaginäre) Zahl dividiert, indem man sowohl das reelle als auch das imaginäre Glied der Komplexen durch die Zahl dividiert.

Es ist hiernach:

$$\frac{a+bi}{a} = \frac{a}{a} + \frac{bi}{a}$$

und

$$\frac{a+bi}{\beta i} = \frac{a}{\beta i} + \frac{bi}{\beta i}$$

oder:

$$= -\frac{ai}{\beta} + \frac{b}{\beta}$$

weil $\frac{1}{i} = -i$ (nach Antwort auf Frage 4a) ist.

Preisgekrönt in Frankfurt a. M. 1881.

Der ausführliche Prospekt und das ausführliche Inhaltsverzeichnis der „vollständig gelösten Aufgabensammlung von Dr. Ad. Kleyer" kann von jeder Buchhandlung, sowie von der Verlagshandlung gratis und portofrei bezogen werden.

Bemerkt sei hier nur:

1). Jedes Heft ist aufgeschnitten und gut brochiert um den **sofortigen** und **dauernden** Gebrauch zu gestatten.
2). Jedes Kapitel enthält sein besonderes Titelblatt, Inhaltsverzeichnis, Berichtigungen und Erklärungen am Schlusse desselben.
3). Auf jedes einzelne Kapitel kann abonniert werden.
4). Monatlich erscheinen 3—4 Hefte zu dem **Abonnementspreise** von 25 Pfg. pro Heft
5). Die **Reihenfolge** der Hefte im nachstehenden, kurz angedeuteten Inhaltsverzeichnis ist, **wie aus dem Prospekt ersichtlich, ohne jede Bedeutung** für die Interessenten.
6). Das Werk enthält **Alles**, was sich überhaupt auf mathematische Wissenschaften bezieht, alle Lehrsätze, Formeln und Regeln etc. mit Beweisen, alle praktischen Aufgaben in vollständig gelöster Form mit Anhängen ungelöster analoger Aufgaben und vielen vortrefflichen Figuren.
7). Das Werk ist ein **praktisches Lehrbuch** für Schüler aller Schulen, das **beste Handbuch** für Lehrer und Examinatoren, das **vorzüglichste Lehrbuch zum Selbststudium**, das vortrefflichste **Nachschlagebuch** für Fachleute und Techniker jeder Art.
8). Alle Buchhandlungen nehmen Bestellungen entgegen.

☞ Das vollständige

Inhaltsverzeichnis
der bis jetzt erschienenen Hefte

kann durch jede Buchhandlung bezogen werden.

Halbjährlich erscheinen Nachträge über die inzwischen neu erschienenen Hefte.

930. Heft.

Preis
des Heftes
25 Pf.

Das Rechnen mit imaginären und
komplexen Zahlen.
Forts. v. Heft 921. — Seite 65—80.
Mit 7 Figuren.

Vollständig gelöste
Aufgaben-Sammlung
— nebst Anhängen ungelöster Aufgaben, für den Schul- & Selbstunterricht —
mit
Angabe und Entwicklung der benutzten Sätze, Formeln, Regeln, in Fragen und Antworten
erläutert durch
viele Holzschnitte & lithograph. Tafeln,
aus allen Zweigen
der Rechenkunst, der niederen (Algebra, Planimetrie, Stereometrie, ebenen u. sphärischen Trigonometrie, synthetischen Geometrie etc.) u. höheren Mathematik (höhere Analysis, Differential- u. Integral-Rechnung, analytische Geometrie der Ebene u. des Raumes etc.); — aus allen Zweigen der Physik, Mechanik, Graphostatik, Chemie, Geodäsie, Nautik, mathemat. Geographie, Astronomie; des Maschinen-, Strassen-, Eisenbahn-, Wasser-, Brücken- u. Hochbau's; der Konstruktionslehren als: darstell. Geometrie, Polar- u. Parallel-Perspektive, Schattenkonstruktionen etc. etc.
für
Schüler, Studierende, Kandidaten, Lehrer, Techniker jeder Art, Militärs etc.
zum einzig richtigen und erfolgreichen
Studium, zur **Forthülfe** bei Schularbeiten und zur **rationellen Verwertung**
der exakten Wissenschaften,
herausgegeben von
Dr. Adolph Kleyer,
Mathematiker, vereideter königl. preuss. Feldmesser, vereideter grossh. hessischer Geometer I. Klasse
in **Frankfurt a. M.**
nter Mitwirkung der bewährtesten Kräfte.

Das Rechnen mit imaginären und komplexen Zahlen.
Nach System Kleyer bearbeitet von **Rich. Krüger.**

Fortsetzung von Heft 921. — Seite 65—80. Mit 7 Figuren.

Inhalt:

Ueber die Quadratwurzel. — Gelöste Aufgaben. — Ungelöste Aufgaben. — Ueber die graphische u. trigonometrische Darstellung der imaginären und komplexen Zahlen. — Ueber die graphische Darstellung der imaginären und komplexen Zahlen. — Ueber die graphische Darstellung der imaginären Einheit. — Ueber die graphische Darstellung der komplexen Zahlen. — Gelöste Aufgaben. -- Ungelöste Aufgaben. — Ueber die trigonometrische Darstellung der imaginären und komplexen Zahlen. — Gelöste Aufgaben.

Stuttgart 1891.
Verlag von Julius Maier.

Preisgekrönt in Frankfurt a. M. 1881.

PROSPEKT.

Dieses Werk, welchem kein Ähnliches zur Seite steht, erscheint monatlich in 3—4 Heften zu dem billigen Preise von 25 ₰ pro Heft und bringt eine Sammlung der wichtigsten und praktischsten Aufgaben aus dem Gesamtgebiete der Mathematik, Physik, Mechanik, math. Geographie, Astronomie, des Maschinen-, Strassen-, Eisenbahn-, Brücken- und Hochbaues, des konstruktiven Zeichnens etc. etc. und zwar in vollständig gelöster Form, mit vielen Figuren, Erklärungen nebst Angabe und Entwickelung der benutzten Sätze, Formeln, Regeln in Fragen mit Antworten etc., so dass die Lösung jedermann verständlich sein kann, bezw. wird, wenn eine grössere Anzahl der Hefte erschienen ist, da dieselben sich in ihrer Gesamtheit ergänzen und alsdann auch alle Teile der reinen und angewandten Mathematik — nach besonderen selbständigen Kapiteln angeordnet — vorliegen.

Fast jedem Hefte ist ein Anhang von ungelösten Aufgaben beigegeben, welche der eigenen Lösung (in analoger Form wie die bezüglichen gelösten Aufgaben) des Studierenden überlassen bleiben, und zugleich von den Herren Lehrern für den Schulunterricht benutzt werden können. Die Lösungen hierzu werden später in besonderen Heften für die Hand des Lehrers erscheinen. Am Schlusse eines jeden Kapitels gelangen: Titelblatt, Inhaltsverzeichnis, Berichtigungen und erläuternde Erklärungen über das betreffende Kapitel zur Ausgabe.

Das Werk behandelt zunächst den Hauptbestandteil des mathematisch-naturwissenschaftlichen Unterrichtsplanes folgender Schulen: Realschulen I. und II. Ordn., gleichberechtigten höheren Bürgerschulen, Privatschulen, Gymnasien, Realgymnasien, Progymnasien, Schullehrer-Seminaren, Polytechniken, Techniken, Baugewerkschulen, Gewerbeschulen, Handelsschulen, techn. Vorbereitungsschulen aller Arten, gewerbliche Fortbildungsschulen, Akademien, Universitäten, Land- und Forstwissenschaftsschulen, Militärschulen, Vorbereitungs-Anstalten aller Arten als z. B. für das Einjährig-Freiwillige- und Offiziers-Examen etc.

Die Schüler, Studierenden und Kandidaten der mathematischen, technischen und naturwissenschaftlichen Fächer werden durch diese, Schritt für Schritt gelöste, Aufgabensammlung immerwährend an ihre in der Schule erworbenen oder nur gehörten Theorien etc. erinnert und wird ihnen hiermit der Weg zum unfehlbaren Auffinden der Lösungen derjenigen Aufgaben gezeigt, welche sie bei ihren Prüfungen zu lösen haben, zugleich aber auch die überaus grosse Fruchtbarkeit der mathematischen Wissenschaften vorgeführt.

Dem Lehrer soll mit dieser Aufgabensammlung eine kräftige Stütze für den Schul-Unterricht geboten werden, indem zur Erlernung des praktischen Teils der mathematischen Disciplinen — zum Auflösen von Aufgaben — in den meisten Schulen oft keine Zeit erübrigt werden kann, hiermit aber dem Schüler bei seinen häuslichen Arbeiten eine vollständige Anleitung in die Hände gegeben wird, entsprechende Aufgaben zu lösen, die gehabten Regeln, Formeln, Sätze etc. anzuwenden und praktisch zu verwerten. Lust, Liebe und Verständnis für den Schulunterricht wird dadurch erhalten und belebt werden.

Den Ingenieuren, Architekten, Technikern und Fachgenossen aller Art, Militärs etc. etc. soll diese Sammlung zur Auffrischung der erworbenen und vielleicht vergessenen mathematischen Kenntnisse dienen und zugleich durch ihre praktischen in allen Berufszweigen vorkommenden Anwendungen einem toten Kapital lebendige Kraft verleihen und somit den Antrieb zu weiteren praktischen Verwertungen und weiteren Forschungen geben.

Alle Buchhandlungen nehmen Bestellungen entgegen. Wichtige und praktische Aufgaben werden mit Dank von der Redaktion entgegengenommen und mit Angabe der Namen verbreitet. — Wünsche, Fragen etc., welche die Redaktion betreffen, nimmt der Verfasser Dr. Kleyer, Frankfurt a. M., Fischerfeldstrasse 16, entgegen, und wird deren Erledi- thunlichst berücksichtigt.

so erhält man:
$$(a+bi)^n = A+Bi$$
und
$$(a-bi)^n = A-Bi$$

Hieraus ergibt sich der Satz:

„Konjugierte komplexe Zahlen, mit derselben reellen Ganzzahl potenziert, geben konjugierte Werte."

Frage 78. Wie lässt sich die Potenz einer rein imaginären Zahl trigonometrisch darstellen?

Antwort. Nach Antwort auf Frage 76 ist:
$$(a+bi)^n = r^n \cdot (\cos n\varphi + i \sin n\varphi)$$
Wird $a = o$, so ist:
$$r = b \text{ und } \sphericalangle \varphi = 90^0$$
(nach Antwort auf Frage 59)
Demnach erhält man für:
$$(bi)^n = b^n \cdot (\cos n \cdot 90^0 + i \sin n \cdot 90^0)$$

Frage 79. Wie findet man in der Zahlenebene durch Zeichnung den Punkt, welcher die Potenz einer komplexen Zahl $a+bi$ darstellt, wenn der Exponent eine reelle Ganzzahl ist?

Figur 22.

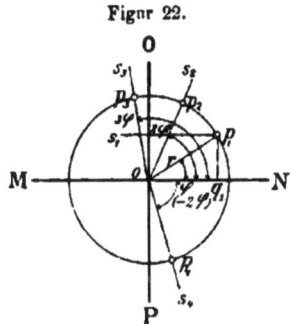

Erkl. 158. Aus nebenstehender Antwort geht hervor, dass die Potenzierung einer komplexen Zahl gleichbedeutend ist mit der Multiplikation ihrer Richtung um den Nullpunkt.

Antwort. (Figur 22.) Man errichte in den Endpunkten der Strecken $oq_1 = +a$ und $os_1 = +bi$ auf MN bezw. OP Normale. Ihr Schnittpunkt stellt dann die Grundzahl der gegebenen Potenz dar. Hierauf verbinde man p_1 mit o und schlage mit $op_1 = r$ um o einen Kreisbogen. Alsdann trage man den zum Winkel $p_1 oq_1 = \varphi$ gehörenden Bogen pp_1 von p aus so oft, als der Exponent Einheiten besitzt, und, falls der Exponent positiv ist, nach der Richtung ab, nach welcher die Neigungswinkel zunehmen; falls er jedoch negativ ist, nach entgegengesetzter Richtung ab.

Dann liegt der Punkt, welcher $(a+bi)^2$ darstellt, auf der Geraden os_2, welche mit der Achse der positiven reellen Zahlen den Winkel 2φ einschliesst, und zwar in einer Entfernung $= r^2$ vom Nullpunkte. Ist $r = 1$, so ist p_2 der Punkt von $(a+bi)^2$.

Der die Potenz $(a+bi)^{-2}$ darstellende Punkt liegt auf der Geraden os_4, welche mit der Achse der positiven reellen Zahlen einen Winkel (-2φ) einschliesst, und ist vom Nullpunkte um

Erkl. 136. Da $\operatorname{tg}\varphi_1 = \dfrac{+1}{+1} = +1$ ist, so liegt φ_1 im ersten Quadranten und man erhält:
$$\varphi_1 = 45^0$$
Der Winkel φ_2 liegt im vierten Quadranten und ist:
$$= 360^0 - 45^0 = 315^0$$

Endlich schlage man mit $o t_2$ um o einen Kreisbogen, welcher oN in p_3 schneidet. Dann ist p_3 der Punkt, welcher das Produkt $(1+i)(1-i)$ darstellt (vergl. Antwort auf Frage 69).

Trigonometrisch erhält man für:
$$1+i = r_1 \cdot (\cos\varphi_1 + i\sin\varphi_1)$$
oder, da:
$$r_1 = \sqrt{1^2 + 1^2} = \sqrt{2} = 1{,}414$$
$$\varphi_1 = 45^0$$
ist (nach Erkl. 136):
$$1+i = 1{,}414 \cdot (\cos 45^0 + i\sin 45^0)$$
Ferner ist:
$$1-i = 1{,}414 \cdot (\cos 315^0 + i\sin 315^0)$$
(siehe Erkl. 136)
Mithin gibt:
$$(1+i)\cdot(1-i) = 1{,}414^2 \cdot (\cos 360^0 + i\sin 360^0)$$
oder:
$$= 2 \cdot (\cos 0^0 + i\sin 0^0)$$
d. i.:
$$= 2$$

β) Ungelöste Aufgaben.

Aufgabe 54. Es ist das Produkt:
$$(-2-i)\cdot(-3+2i)$$
graphisch und trigonometrisch darzustellen. **Andeutung.** Auflösung analog der Auflösung von Aufgabe 51.

Aufgabe 55. Es ist in der Zahlenebene der das Produkt:
$$(-4+5i)\cdot(-2i)$$
darstellende Punkt zu ermitteln und das Produkt trigonometrisch darzustellen. **Andeutung.** Die Auflösung geschieht nach der Antwort auf Frage 70, d) und nach Erkl. 132, 4).

Aufgabe 56. Es ist das Produkt der beiden konjugierten komplexen Zahlen:
$$(-2+5i)\cdot(-2-5i)$$
graphisch und trigonometrisch darzustellen. **Andeutung.** Auflösung analog der Auflösung von Aufgabe 53.

---

3) Ueber das graphische und trigonometrische Dividieren.

Frage 71. Wie lässt sich der Quotient:
$$\frac{a+bi}{\alpha+\beta i}$$
trigonometrisch darstellen?

Antwort. Ist:
$$a+bi = r_1 \cdot (\cos\varphi_1 + i\sin\varphi_1)$$
$$\alpha+\beta i = r_2 \cdot (\cos\varphi_2 + i\sin\varphi_2)$$
und so erhält man für:
$$\frac{a+bi}{\alpha+\beta i} = \frac{r_1 \cdot (\cos\varphi_1 + i\sin\varphi_1)}{r_2 \cdot (\cos\varphi_2 + i\sin\varphi_2)}$$

Multipliziert man Zähler und Nenner der rechten Seite dieser Gleichung mit dem Konjugierten des Nenners, also mit:
$$r_2 \cdot (\cos\varphi_2 - i\sin\varphi_2)$$
so ergibt sich:
$$\frac{a+bi}{\alpha+\beta i} = \frac{r_1 \cdot (\cos\varphi_1 + i\sin\varphi_1) \cdot r_2 \cdot (\cos\varphi_2 - i\sin\varphi_2)}{r_2 \cdot (\cos\varphi_2 + i\sin\varphi_2) \cdot r_2 \cdot (\cos\varphi_2 - i\sin\varphi_2)}$$
oder:
$$\frac{a+bi}{\alpha+\beta i} = \frac{r_1 \cdot r_2 \cdot (\cos\varphi_1 \cdot \cos\varphi_2 + i\sin\varphi_1 \cdot \cos\varphi_2 - i\cos\varphi_1 \cdot \sin\varphi_2 - i^2\sin\varphi_1 \cdot \sin\varphi_2)}{r_2 \cdot r_2 \cdot (\cos^2\varphi_2 + i\sin\varphi_2 \cdot \cos\varphi_2 - i\cos\varphi_2 \cdot \sin\varphi_2 - i^2\sin^2\varphi_2)}$$
oder, weil $i^2 = -1$, ferner:
$$\cos\varphi_1 \cdot \cos\varphi_2 + \sin\varphi_1 \cdot \sin\varphi_2 = \cos(\varphi_1 - \varphi_2)$$
$$\sin\varphi_1 \cdot \cos\varphi_2 - \cos\varphi_1 \cdot \sin\varphi_2 = \sin(\varphi_1 - \varphi_2)$$
(nach Erkl. 137)

Erkl. 137. Nach einem Satze der Goniometrie ist:
$$\sin(\alpha - \beta) = \sin\alpha \cdot \cos\beta - \cos\alpha \cdot \sin\beta$$
$$\cos(\alpha - \beta) = \cos\alpha \cdot \cos\beta + \sin\alpha \cdot \sin\beta$$

und
$$\sin^2\varphi_2 + \cos^2\varphi_2 = +1 \quad \text{(nach Erkl. 130)}$$
ist und sich ferner die Glieder:
$+i\sin\varphi_2\cos\varphi_2$ und $-i\sin\varphi_2\cos\varphi_2$
sowie ein Faktor r_2 im Zähler und Nenner fortheben:
$$\frac{a+bi}{\alpha+\beta i} = \frac{r_1}{r_2} \cdot [\cos(\varphi_1 - \varphi_2) + i\sin(\varphi_1 - \varphi_2)]$$

Hieraus folgt der Satz:

„Komplexe Zahlen werden dividiert, indem man ihre Moduln dividiert und die Amplituden subtrahiert."

Frage 72. Wie lässt sich der reciproke Wert von $a + bi$ (siehe Erkl. 15) trigonometrisch darstellen?

Antwort. Man erhält für:
$$\frac{1}{a+bi} = \frac{1}{r_1 \cdot (\cos\varphi_1 + i\sin\varphi_1)}$$
und wenn man Zähler und Nenner der rechten Seite dieser Gleichung mit dem Konjugierten des Nenners, also mit:
$$r_1 \cdot (\cos\varphi_1 - i\sin\varphi_1)$$
multipliziert:
$$\frac{1}{a+bi} = \frac{r_1 \cdot (\cos\varphi_1 - i\sin\varphi_1)}{r_1 \cdot (\cos\varphi_1 + i\sin\varphi_1) \cdot r_1 \cdot (\cos\varphi_1 - i\sin\varphi_1)}$$
oder:
$$= \frac{r_1 \cdot (\cos\varphi_1 - i\sin\varphi_1)}{r_1 \cdot r_1 \cdot (\cos^2\varphi_1 + \sin^2\varphi_1)} = \frac{1}{r_1} \cdot (\cos\varphi_1 - i\sin\varphi_1)$$

Frage 73. Wie findet man in der Zahlenebene durch Zeichnung den Punkt, welcher den Quotienten:
$$\frac{a+bi}{\alpha+\beta i}$$
darstellt?

Antwort. (Fig. 17.) Man errichte in den Endpunkten der Strecken $oq_1 = +a$, $os_1 = +bi$, $oq_2 = +\alpha$ und $os_2 = +\beta i$ auf MN bezw. OP Normale. Ihre Schnittpunkte p_1 und p_2 stellen dann die kom-

Figur 17.

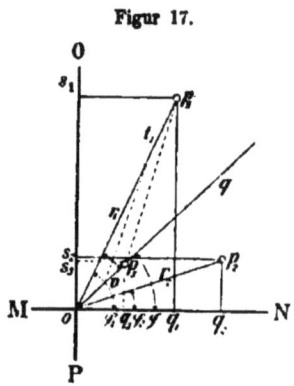

Erkl. 138. Ein zweites Verfahren zur Ermittelung des Punktes, welcher den Quotienten:

$$\frac{a+bi}{\alpha+\beta i}$$

darstellt, besteht darin, dass man den Quotienten berechnet und den Punkt der resultierenden Komplexen in der Zahlenebene aufsucht. Da (nach Antwort auf Frage 38):

$$\frac{a+bi}{\alpha+\beta i} = \frac{a\alpha+b\beta}{\alpha^2+\beta^2} + i \cdot \frac{(a\beta-\alpha b)}{\alpha^2+\beta^2}$$

gibt, so hat man auf der Achse der reellen Zahlen im Endpunkte der Strecke:

$$oq_3 = \frac{a\alpha+b\beta}{\alpha^2+\beta^2}$$

und auf der Achse der imaginären Zahlen im Endpunkte der Strecke:

$$os_3 = \frac{a\beta-\alpha b}{\alpha^2+\beta^2}$$

Normale zu errichten. Ihr Schnittpunkt p_3 stellt dann den gegebenen Quotienten dar.

Erkl. 139. Ist die Amplitude des Divisors grösser als die des Dividendus, so gibt $(\varphi_1 - \varphi_2)$ einen negativen Winkel φ. Dann bildet der Modulus des Quotienten mit der Achse der positiven reellen Zahlen den Winkel $(360^0 - \varphi)$. (Siehe Erkl. 142. Vergl. die Aufgaben 57 und 58.)

Erkl. 140. Die graphische Darstellung der Division komplexer Zahlen besteht nach nebenstehender Antwort also darin, dass der Modulus (Radiusvektor) des Dividendus im Verhältnisse von (Modulus des Divisors) : 1 geändert und gleichzeitig um die Amplitude des Divisors nach der Richtung gedreht wird, nach welcher die Neigungswinkel abnehmen.

plexen Zahlen $a+bi$ bezw. $\alpha+\beta i$ in der durch das Linienkreuz bestimmten Zahlenebene dar. Hierauf verbinde man p_1 und p_2 mit o und trage an $op_1 = r_1$ den Winkel $p_2 o q_2$ so an, dass Winkel $q o N = p_1 o q_1 - p_2 o q_2$ wird. Alsdann mache man $ot_1 = r_2$ und $or = 1$ (der angenommenen Längeneinheit), verbinde r mit t_1 und ziehe durch p_1 zu $t_1 r$ eine Parallele bis zum Schnittpunkte p_3 mit oq.

Dann erhält man (nach Erkl. 126):

$$op_1 : ot_1 = op_3 : or$$

oder:

$$r_1 : r_2 = op_3 : 1$$

daraus folgt:

$$op_3 = r = \frac{r_1}{r_2} \quad \text{(nach Erkl. 20a)}$$

Ferner ist:

$$\sphericalangle \varphi = \sphericalangle \varphi_1 - \sphericalangle \varphi_2 \quad \text{(nach Konstruktion)}$$

also:

$$\cos \varphi = \cos(\varphi_1 - \varphi_2)$$

und

$$\sin \varphi = \sin(\varphi_1 - \varphi_2)$$

Mithin ist:

$$r \cdot (\cos \varphi + i \sin \varphi) =$$

$$\frac{r_1}{r_2} \cdot [\cos(\varphi_1 - \varphi_2) + i \sin(\varphi_1 - \varphi_2)]$$

oder nach der Antwort auf Frage 71:

$$r \cdot (\cos \varphi + i \sin \varphi) =$$

$$\frac{r_1 \cdot (\cos \varphi_1 + i \sin \varphi_1)}{r_2 \cdot (\cos \varphi_2 + i \sin \varphi_2)} = \frac{a+bi}{\alpha+\beta i}$$

Demnach stellt Punkt p_3 den Quotienten:

$$\frac{a+bi}{\alpha+\beta i}$$

dar.

Aus dieser Konstruktion ergibt sich folgender Satz:

„Der Modulus (Radiusvektor) des Quotienten zweier komplexen Zahlen ist gleich dem Quotienten des Modulus des Dividendus durch den des Divisors und bildet mit der Achse der positiven reellen Zahlen einen Winkel gleich der Differenz der Winkel, welche die Moduln des Dividendus und des Divisors mit jener Achse einschliessen."

(Vergl. Erkl. 139.)

Frage 74. Wie lässt sich der Quotient
a) zweier reellen Zahlen
b) einer reellen Zahl durch eine imaginäre Zahl
c) zweier imaginären Zahlen
d) einer imaginären Zahl durch eine reelle Zahl

trigonometrisch ausdrücken und wo liegt in der Zahlenebene der Punkt, welcher diesen Quotienten darstellt?

Erkl. 141. Für die Winkel aller Quadranten findet nach einem Satze der Goniometrie statt:

$$\sin(-\alpha) = -\sin\alpha$$
$$\cos(-\alpha) = +\cos\alpha$$
$$\operatorname{tg}(-\alpha) = -\operatorname{tg}\alpha$$
$$\operatorname{cotg}(-\alpha) = -\operatorname{cotg}\alpha$$

Erkl. 142. Ist $\sphericalangle q_2 > \sphericalangle q_1$, so ist das zweite Glied des Richtungskoëffizienten (vergl. Antwort auf Frage 58) negativ (s. Erkl. 139).

Erkl. 143. Aus der Antwort auf Frage 74, a) ergibt sich folgender Satz:
„Der Modulus (Radiusvektor) des Quotienten zweier reellen Zahlen $\frac{a}{a}$ ist gleich der a-fachen Verkleinerung des Modulus von a und fällt mit der Achse der reellen Zahlen zusammen."

Antwort.
a) Sind Zähler und Nenner positive reelle Zahlen (z. B. $+a$ und $+a$), so erhält man:

$$\frac{+a}{+a} = \frac{r_1 \cdot (\cos 0^0 + i \sin 0^0)}{r_2 \cdot (\cos 0^0 + i \sin 0^0)} \quad \begin{array}{l}\text{(nach Antwort} \\ \text{auf Frage 59)}\end{array}$$

oder:
$$= \frac{r_1}{r_2}$$

Der diesen Quotienten darstellende Punkt liegt demnach auf der Achse der positiven reellen Zahlen und zwar in einer Entfernung von $\frac{r_1}{r_2} = \frac{a}{a}$ Einheiten vom Nullpunkte.

Sind Zähler und Nenner negative reelle Zahlen, so ergibt sich:

$$\frac{-a}{-a} = \frac{r_1 \cdot (\cos 180^0 + i \sin 180^0)}{r_2 \cdot (\cos 180^0 + i \sin 180^0)} = \frac{r_1}{r_2}$$

Demnach liegt der Punkt des Quotienten $\frac{-a}{-a}$ auf der Achse der positiven reellen Zahlen und ist um $\frac{r_1}{r_2} = \frac{a}{a}$ Einheiten vom Nullpunkte entfernt.

Ist der Zähler positiv, der Nenner negativ, so folgt:

$$\frac{+a}{-a} = \frac{r_1 \cdot (\cos 0^0 + i \sin 0^0)}{r_2 \cdot (\cos 180^0 + i \sin 180^0)}$$

$$= \frac{r_1}{r_2} \cdot [\cos(0^0 - 180^0) + i \sin(0^0 - 180^0)]$$

oder: (nach Antwort auf Frage 71)

$$= \frac{r_1}{r_2} \cdot [\cos(-180^0) + i \sin(-180^0)]$$

oder (nach Erkl. 141):

$$= \frac{r_1}{r_2} \cdot (\cos 180^0 - i \sin 180^0) \text{ (s. Erkl. 142)}$$

Der diesen Quotienten darstellende Punkt liegt also auf der Achse der negativen reellen Zahlen. Seine Entfernung vom Nullpunkte beträgt $\frac{r_1}{r_2} = \frac{a}{a}$ Einheiten.

Ist der Zähler negativ, der Nenner positiv, so folgt:

$$\frac{-a}{+a} = \frac{r_1 \cdot (\cos 180^0 + i \sin 180^0)}{r_2 \cdot (\cos 0^0 + i \sin 0^0)} = \frac{r_1}{r_2} \cdot [\cos(180^0 - 0^0) + i \sin(180^0 - 0^0)]$$

$$= \frac{r_1}{r_2} \cdot (\cos 180^0 + i \sin 180^0)$$

102   Das Rechnen mit imaginären und komplexen Zahlen.

Der Punkt dieses Quotienten liegt auf der Achse der negativen reellen Zahlen und zwar in einer Entfernung von $\frac{r_1}{r_2} = \frac{a}{\alpha}$ Einheiten vom Nullpunkte (vergl. Erkl. 143).

b) Ist der Zähler eine positive reelle Zahl, der Nenner eine positive imaginäre Zahl (z. B. $+a$ und $+\beta i$), so erhält man:

$$\frac{+a}{+\beta i} = \frac{r_1 \cdot (\cos 0^0 + i \sin 0^0)}{r_2 \cdot (\cos 90^0 + i \sin 90^0)} \quad \text{(nach Antwort auf Frage 59)}$$

oder:

$$= \frac{r_1}{r_2} \cdot [\cos (0^0 - 90^0) + i \sin (0^0 - 90^0)] \quad \text{(nach Antwort auf Frage 71)}$$

oder:

$$= \frac{r_1}{r_2} \cdot (\cos 90^0 - i \sin 90^0) \quad \text{(nach Erkl. 141)}$$

Demnach liegt der Punkt des Quotienten von $\frac{+a}{+\beta i}$ auf der Achse der negativen imaginären Zahlen und zwar in einer Entfernung von $\frac{r_1}{r_2} = \frac{a}{\beta}$ Einheiten vom Nullpunkte.

Erkl. 144. Aus der Antwort auf Frage 74, b) folgt der Satz:

„Der Modulus des Quotienten einer reellen Zahl a durch eine imaginäre βi ist gleich der β-fachen Verkleinerung des Modul von a und zu letzterem normal gerichtet, d. h. mit der Achse der imaginären Zahlen zusammenfallend."

Ist der Zähler eine positive reelle Zahl, der Nenner eine negative imaginäre Zahl, so ergibt sich:

oder:
$$\frac{+a}{-\beta i} = \frac{r_1 \cdot (\cos 0^0 + i \sin 0^0)}{r_2 \cdot (\cos 270^0 + i \sin 270^0)} \quad \text{(nach Antwort auf Frage 59)}$$

$$= \frac{r_1}{r_2} \cdot [\cos (-270^0) + i \sin (-270^0)] = \frac{r_1}{r_2} \cdot (\cos 270^0 - i \sin 270^0)$$

Der diesen Quotienten darstellende Punkt liegt demnach auf der Achse der positiven imaginären Zahlen. Seine Entfernung vom Nullpunkte beträgt $\frac{r_1}{r_2} = \frac{a}{\alpha}$ Einheiten.

Ist der Zähler eine negative reelle Zahl, der Nenner eine positive imaginäre Zahl, so folgt:

$$\frac{-a}{+\beta i} = \frac{r_1 \cdot (\cos 180^0 + i \sin 180^0)}{r_2 \cdot (\cos 90^0 + i \sin 90^0)} = \frac{r_1}{r_2} \cdot (\cos 90^0 + i \sin 90^0)$$

Der Punkt dieses Quotienten liegt auf der Achse der positiven imaginären Zahlen und zwar in einer Entfernung von $\frac{r_1}{r_2} = \frac{a}{\beta}$ Einheiten vom Nullpunkte.

Ist der Zähler eine negative reelle Zahl, der Nenner eine negative imaginäre Zahl, so erhält man:

$$\frac{-a}{-\beta i} = \frac{r_1 \cdot (\cos 180^0 + i \sin 180^0)}{r_2 \cdot (\cos 270^0 + i \sin 270^0)} = \frac{r_1}{r_2} \cdot (\cos 90^0 - i \sin 90^0)$$

Der diesen Quotienten darstellende Punkt liegt auf der Achse der negativen imaginären Zahlen. Seine Entfernung vom Nullpunkte beträgt $\frac{r_1}{r_2} = \frac{a}{\beta}$ Einheiten (vergl. Erkl. 144).

c) Sind Zähler und Nenner positive imaginäre Zahlen, so ergibt sich:
$$\frac{+bi}{+\beta i} = \frac{r_1 \cdot (\cos 90^0 + i \sin 90^0)}{r_2 \cdot (\cos 90^0 + i \sin 90^0)} = \frac{r_1}{r_2}$$
Der diesen Quotienten darstellende Punkt liegt auf der Achse der positiven reellen Zahlen und ist um $\frac{r_1}{r_2} = \frac{b}{\beta}$ Einheiten vom Nullpunkte entfernt.

Sind Zähler und Nenner negative imaginäre Zahlen, so erhält man:
$$\frac{-bi}{-\beta i} = \frac{r_1 \cdot (\cos 270^0 + i \sin 270^0)}{r_2 \cdot (\cos 270^0 + i \sin 270^0)} = \frac{r_1}{r_2}$$
Der Punkt dieses Quotienten liegt also auf der Achse der positiven reellen Zahlen in einer Entfernung von $\frac{r_1}{r_2} = \frac{b}{\beta}$ Einheiten vom Nullpunkte.

Ist der Zähler eine positive, der Nenner eine negative imaginäre Zahl, so folgt:
$$\frac{+bi}{-\beta i} = \frac{r_1 \cdot (\cos 90^0 + i \sin 90^0)}{r_2 \cdot (\cos 270^0 + i \sin 270^0)} = \frac{r_1}{r_2} \cdot (\cos 180^0 - i \sin 180^0)$$

Erkl. 145. Aus der Antwort auf Frage 74, c) folgt der Satz:

„Der Modulus des Quotienten zweier imaginären Zahlen $\left(\frac{bi}{\beta i}\right)$ ist gleich der β-fachen Verkleinerung des Modulus von bi und zu letzterem normal gerichtet."

Der diesen Quotienten darstellende Punkt liegt auf der Achse der negativen reellen Zahlen und zwar um $\frac{r_1}{r_2} = \frac{b}{\beta}$ Einheiten vom Nullpunkte entfernt.

Ist der Zähler eine negative, der Nenner eine positive imaginäre Zahl, so ergibt sich:
$$\frac{-bi}{+\beta i} = \frac{r_1 \cdot (\cos 270^0 + i \sin 270^0)}{r_2 \cdot (\cos 90^0 + i \sin 90^0)} = \frac{r_1}{r_2} \cdot (\cos 180^0 + i \sin 180^0)$$
Der Punkt dieses Quotienten liegt auf der Achse der negativen reellen Zahlen und zwar um $\frac{r_1}{r_2} = \frac{b}{\beta}$ Einheiten vom Nullpunkt entfernt (vgl. Erkl. 145).

d) Ist der Zähler eine positive imaginäre und der Nenner eine positive reelle Zahl, so erhält man:
$$\frac{+bi}{+a} = \frac{r_1 \cdot (\cos 90^0 + i \sin 90^0)}{r_2 \cdot (\cos 0^0 + i \sin 0^0)} = \frac{r_1}{r_2} \cdot (\cos 90^0 + i \sin 90^0)$$
Der diesen Quotienten darstellende Punkt liegt auf der Achse der positiven

imaginären Zahlen und zwar in einer Entfernung von $\frac{r_1}{r_2} = \frac{b}{a}$ Einheiten vom Nullpunkte.

Ist der Zähler eine positive imaginäre und der Nenner eine negative reelle Zahl, so ergibt sich:

$$\frac{+bi}{-a} = \frac{r_1 \cdot (\cos 90^0 + i \sin 90^0)}{r_2 \cdot (\cos 180^0 + i \sin 180^0)} = \frac{r_1}{r_2} \cdot (\cos 90^0 - i \sin 90^0)$$

Der Punkt von $\frac{+bi}{-a}$ liegt auf der Achse der negativen imaginären Zahlen. Seine Entfernung vom Nullpunkte beträgt $\frac{r_1}{r_2} = \frac{b}{a}$ Einheiten.

Ist der Zähler eine negative imaginäre Zahl, der Nenner eine positive reelle Zahl, so folgt:

$$\frac{-bi}{+a} = \frac{r_1 \cdot (\cos 270^0 + i \sin 270^0)}{r_2 \cdot (\cos 0^0 + i \sin 0^0)} = \frac{r_1}{r_2} \cdot (\cos 270^0 + i \sin 270^0)$$

Erkl. 146. Aus der Antwort auf Frage 74, d) ergibt sich der Satz:

„Der Modulus des Quotienten einer imaginären Zahl bi durch eine reelle Zahl a ist gleich der a-fachen Verkleinerung des Modulus von bi und fällt entweder mit letzterem zusammen oder bildet seine Verlängerung."

Der diesen Quotienten darstellende Punkt liegt auf der Achse der negativen imaginären Zahlen und zwar um $\frac{r_1}{r_2} = \frac{b}{a}$ Einheiten vom Nullpunkte entfernt.

Ist der Zähler eine negative imaginäre und der Nenner eine negative reelle Zahl, so erhält man:

$$\frac{-bi}{-a} = \frac{r_1 \cdot (\cos 270^0 + i \sin 270^0)}{r_2 \cdot (\cos 180^0 + i \sin 180^0)} = \frac{r_1}{r_2} \cdot (\cos 90^0 + i \sin 90^0)$$

Der Punkt dieses Quotienten liegt auf der Achse der positiven imaginären Zahlen. Seine Entfernung vom Nullpunkte beträgt $\frac{r_1}{r_2} = \frac{b}{a}$ Einheiten (vgl. Erkl. 146).

Frage 75. Wie lässt sich der Quotient:
a) einer reellen Zahl durch eine komplexe Zahl
b) einer komplexen Zahl durch eine reelle Zahl
c) einer imaginären Zahl durch eine komplexe Zahl
d) einer komplexen Zahl durch eine imaginäre Zahl

trigonometrisch und graphisch darstellen, wenn die komplexe Zahl nur positive Glieder hat? (Siehe nachfolgende Erklärung.)

Antwort.

a) Ist der Zähler eine positive reelle Zahl (z. B. $+a$), der Nenner eine komplexe Zahl (z. B. $\alpha + \beta i$) so erhält man:

$$\frac{+a}{\alpha + \beta i} = \frac{r_1 \cdot (\cos 0^0 + i \sin 0^0)}{r_2 \cdot (\cos q_2 + i \sin q_2)}$$
$$= \frac{r_1}{r_2} \cdot (\cos q_2 - i \sin q_2)$$

(nach Antwort auf Frage 7l)

Ueber das graphische und trigonometrische Dividieren.

Erkl. 147. Es würde zu weit führen, wollten wir hier auch alle die Fälle berücksichtigen, wo ein Glied der komplexen Zahl negativ ist oder es beide Glieder sind. Die trigonometrische und graphische Darstellung solcher Quotienten muss dem Studierenden überlassen bleiben. (Siehe übrigens die Aufgaben 57 und 58.)

Der diesen Quotienten darstellende Punkt liegt demnach auf einer Geraden, welche mit der Achse der positiven reellen Zahlen einen Winkel von $(360^0 - \varphi_2)$ einschliesst (siehe Erkl. 139 und 142). Seine Entfernung vom Nullpunkte beträgt $\dfrac{r_1}{r_2} = \dfrac{a}{\sqrt{\alpha^2+\beta^2}}$ Einheiten.

Ist der Zähler eine negative reelle Zahl, der Nenner eine komplexe Zahl, so ergibt sich:

$$\dfrac{-a}{\alpha+\beta i} = \dfrac{r_1 \cdot (\cos 180^0 + i \sin 180^0)}{r_2 \cdot (\cos \varphi_2 + i \sin \varphi_2)} = \dfrac{r_1}{r_2} \cdot [\cos(180^0 - \varphi_2) + i \sin(180^0 - \varphi_2)]$$

Der Punkt dieses Quotienten liegt also auf einer zum Modulus der Komplexen einen Winkel von $(180^0 - \varphi_2)$ bildenden und nach der Seite hin geneigten Geraden, nach welcher die Neigungswinkel wachsen. Seine Entfernung vom Nullpunkte beträgt $\dfrac{r_1}{r_2} = \dfrac{a}{\sqrt{\alpha^2+\beta^2}}$ Einheiten (vergl. Erkl. 147a).

Erkl. 147a. Aus der Antwort auf Frage 75, a) folgt der Satz:

„Der Modulus (Radiusvektor) des Quotienten einer reellen Zahl a durch eine komplexe Zahl $\alpha + \beta i$ ist im Verhältnisse von 1 : (Modulus von $\alpha + \beta i$) kleiner als der Modulus von a."

b) Ist der Zähler eine komplexe Zahl (z. B. $a+bi$), der Nenner eine positive reelle Zahl (α), so folgt:

$$\dfrac{a+bi}{+\alpha} = \dfrac{r_1 \cdot (\cos \varphi_1 + i \sin \varphi_1)}{r_2 \cdot (\cos 0^0 + i \sin 0^0)} = \dfrac{r_1}{r_2} \cdot (\cos \varphi_1 + i \sin \varphi_1)$$

Erkl. 148. Aus der Antwort auf Frage 75, b) folgt der Satz:

„Der Modulus des Quotienten einer komplexen Zahl $a+bi$ durch eine reelle Zahl α ist gleich der α-fachen Verkleinerung des Modulus von $a+bi$ und fällt entweder mit letzterem zusammen oder bildet seine Verlängerung."

Der diesen Quotienten darstellende Punkt liegt demnach auf dem Modulus des Zählers und zwar um $\dfrac{r_1}{r_2} = \dfrac{\sqrt{a^2+b^2}}{\alpha}$ Einheiten vom Nullpunkte entfernt.

Ist der Zähler eine komplexe Zahl, der Nenner eine negative reelle Zahl, so ergibt sich:

$$\dfrac{a+bi}{-\alpha} = \dfrac{r_1 \cdot (\cos \varphi_1 + i \sin \varphi_1)}{r_2 \cdot (\cos 180^0 + i \sin 180^0)} = \dfrac{r_1}{r_2} \cdot [\cos(\varphi_1 - 180^0) + i \sin(\varphi_1 - 180^0)]$$

oder, da $\varphi_1 < 90^0$ ist (wegen der Annahme, dass die komplexe Zahl nur positive Glieder besitzen soll):

$$\dfrac{a+bi}{-\alpha} = \dfrac{r_1}{r_2} \cdot [\cos(180^0 - \varphi_1) - i \sin(180^0 - \varphi_1)]$$

Der Punkt von $\dfrac{a+bi}{-\alpha}$ liegt demnach auf dem rückwärts (über den Nullpunkt hinaus) verlängerten Modulus von $a+bi$ und zwar in einer Entfernung von $\dfrac{r_1}{r_2} = \dfrac{\sqrt{a^2+b^2}}{\alpha}$ Einheiten vom Nullpunkte (vergl. Erkl. 148).

Erkl. 149. Aus der Antwort auf Frage 75, c) ergibt sich der Satz:

„Der Modulus des Quotienten einer imaginären Zahl bi durch eine komplexe Zahl $\alpha+\beta i$ ist im Verhältnisse von $1:($Modulus von $\alpha+\beta i)$ kleiner als der Modulus von bi."

c) Ist der Zähler eine positive imaginäre Zahl und der Nenner eine komplexe Zahl, so erhält man:

$$\frac{+bi}{\alpha+\beta i} = \frac{r_1\cdot(\cos 90^0 + i\sin 90^0)}{r_2\cdot(\cos\varphi_2 + i\sin\varphi_2)} = \frac{r_1}{r_2}\cdot[\cos(90^0-\varphi_2) + i\sin(90^0-\varphi_2)]$$

Der diesen Quotienten darstellende Punkt liegt also auf einer zur Achse der positiven reellen Zahlen unter einem Winkel von $(90^0-\varphi_2)$ geneigten Geraden und zwar in einer Entfernung von $\frac{r_1}{r_2} = \frac{b}{\sqrt{\alpha^2+\beta^2}}$ Einheiten vom Nullpunkte.

Ist der Zähler eine **negative imaginäre** Zahl, der Nenner eine **komplexe** Zahl, so ergibt sich:

$$\frac{-bi}{\alpha+\beta i} = \frac{r_1\cdot(\cos 270^0 + i\sin 270^0)}{r_2\cdot(\cos\varphi_2 + i\sin\varphi_2)} = \frac{r_1}{r_2}\cdot[\cos(270^0-\varphi_2) + i\sin(270^0-\varphi_2)]$$

Der Punkt dieses Quotienten liegt also auf einer zur Achse der positiven reellen Zahlen unter einem Winkel von $(270^0-\varphi_2)$ geneigten Geraden und zwar um $\frac{r_1}{r_2} = \frac{b}{\sqrt{\alpha^2+\beta^2}}$ Einheiten vom Nullpunkte entfernt (vergl. Erkl. 149).

d) Ist der Zähler eine **komplexe** Zahl, der Nenner eine **positive imaginäre** Zahl, so erhält man:

$$\frac{a+bi}{+\beta i} = \frac{r_1\cdot(\cos\varphi_1 + i\sin\varphi_1)}{r_2\cdot(\cos 90^0 + i\sin 90^0)} = \frac{r_1}{r_2}\cdot[\cos(\varphi_1-90^0) + i\sin(\varphi_1-90^0)]$$

oder, da $\varphi_1 < 90^0$ ist:

$$\frac{a+bi}{+\beta i} = \frac{r_1}{r_2}\cdot[\cos(90^0-\varphi_1) - i\sin(90^0-\varphi_1)]$$

Der diesen Quotienten darstellende Punkt liegt auf einer zum Modulus des Zählers normal und nach der Seite hin geneigten Geraden, nach welcher die Neigungswinkel abnehmen. Seine Entfernung vom Nullpunkte beträgt $\frac{r_1}{r_2} = \frac{\sqrt{a^2+b^2}}{\beta}$ Einheiten.

Ist der Zähler eine **komplexe** Zahl und der Nenner eine **negative imaginäre** Zahl, so folgt:

$$\frac{a+bi}{-\beta i} = \frac{r_1\cdot(\cos\varphi_1 + i\sin\varphi_1)}{r_2\cdot(\cos 270^0 + i\sin 270^0)} = \frac{r_1}{r_2}\cdot[\cos(\varphi_1-270^0) + i\sin(\varphi_1-270^0)]$$

oder, da $\varphi_1 < 90^0$ ist:

$$\frac{a+bi}{-\beta i} = \frac{r_1}{r_2}\cdot[\cos(270^0-\varphi_1) - i\sin(270^0-\varphi_1)]$$

Der Punkt dieses Quotienten liegt auf einer zum Modulus der Komplexen

Erkl. 150. Aus der Antwort auf Frage 75, d) folgt der Satz:

„Der Modulus des Quotienten einer komplexen Zahl $a + bi$ durch eine imaginäre Zahl βi ist gleich der β-fachen Verkleinerung des Modul von $a + bi$ und zu letzterem normal gerichtet."

normal stehenden und nach der Seite hin geneigten Geraden, nach welcher die Neigungswinkel zunehmen. Seine Entfernung vom Nullpunkte beträgt

$$\frac{r_1}{r_2} = \frac{\sqrt{a^2 + b^2}}{\beta}$$ Einheiten (vgl. Erkl. 150).

α) Gelöste Aufgaben.

Aufgabe 57. Nachfolgende Quotienten sind graphisch und trigonometrisch darzustellen:

a) $\dfrac{-1+7i}{+1+3i}$

Figur 18.

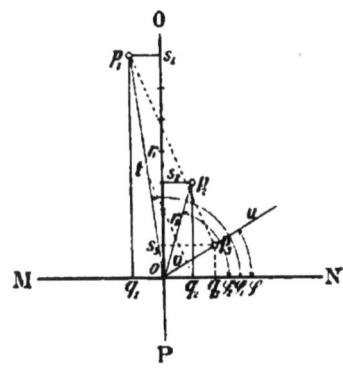

Auflösungen.

a) (Figur 18). Man errichte in den Endpunkten der Strecken $oq_1 = -1$, $os_1 = +7$, $oq_2 = +1$ und $os_2 = +3$ Normale auf MN bezw. OP. Ihre Schnittpunkte p_1 und p_2 stellen dann den Zähler, bezw. den Nenner des gegebenen Bruches dar. Hierauf verbinde man p_1 und p_2 mit o und trage an $op_1 = r_1$ den Winkel $p_2 o q_2 = q_2$ des komplexen Nenners so an, dass Winkel $u o N = p_1 o q_2 - p_2 o q_2$ wird. Alsdann mache man $ot = r_2$ und $ov = oq_2 = 1$, verbinde t mit v und ziehe durch p_1 zu tv eine Parallele bis zum Schnitte mit der Geraden ou. Der Schnittpunkt p_3 stellt dann den gegebenen Quotienten dar (nach Antwort auf Frage 73).

Trigonometrisch erhält man, wenn man:

$$-1 + 7i = r_1 \cdot (\cos \varphi_1 + i \sin \varphi_1)$$
$$+1 + 3i = r_2 \cdot (\cos \varphi_2 + i \sin \varphi_2)$$

und

$$\frac{-1 + 7i}{+1 + 3i} = r \cdot (\cos \varphi + i \sin \varphi)$$

setzt, für:

$$\frac{-1+7i}{+1+3i} = r \cdot (\cos \varphi + i \sin \varphi) = \frac{r_1 \cdot (\cos \varphi_1 + i \sin \varphi_1)}{r_2 \cdot (\cos \varphi_2 + i \sin \varphi_2)}$$

$$= \frac{r_1}{r_2} \cdot [\cos(\varphi_1 - \varphi_2) + i \sin(\varphi_1 - \varphi_2)]$$

(nach Antwort auf Frage 71)

Erkl. 151. Da $\operatorname{tg} \varphi_1 = \dfrac{7}{-1} = -7$ ist, so liegt φ_1 im zweiten Quadranten (nach Erkl. 102). Man erhält:

$\operatorname{tg} \varphi_1 = 7{,}0000$
$\operatorname{tg} 81° 50' = 6{,}9682$
Rest: 318

Differenz für 1 Minute $= 147{,}2$. Zum Winkel $81° 50'$ kommen also noch:

$$\frac{318}{147{,}2} = 2 \frac{59}{368} = 2' 9''$$

Mithin ist:

$\varphi_1 = 180° - 81° 52' 9'' = 98° 7' 51''$

Nun ist:

$r_1 = \sqrt{1^2 + 7^2} = \sqrt{50} = 7{,}071$
$r_2 = \sqrt{1^2 + 3^2} = \sqrt{10} = 3{,}162$
$\varphi_1 = 98° 7' 51''$ (nach Erkl. 151)
$\varphi_2 = 71° 33' 54''$ (nach Erkl. 152)

Folglich gibt:

$$\frac{-1+7i}{+1+3i} = \frac{7{,}071}{3{,}162} \cdot$$
$[\cos(98° 7' 51'' - 71° 33' 54'')$
$+ i \sin(98° 7' 51'' - 71° 33' 54'')]$
$= 2{,}236 \cdot (\cos 26° 33' 57'' + i \sin 26° 33' 57'')$

Demnach ist:

$r = 2{,}236$

und

$\sphericalangle \varphi = 26° 33' 57''$

b) $\dfrac{+8-7i}{4}$

Erkl. 152. Da $\operatorname{tg} q_2 = \dfrac{+8}{+1} = +8$ ist, so liegt q_2 im ersten Quadranten. Man erhält:

$\operatorname{tg} q_2 = 3,0000$
$\operatorname{tg} 71^\circ 30' = 2,9887$
Rest: $\overline{113}$

Differenz für 1 Minute $= 29,1$. Zum Winkel $71^\circ 30'$ kommen also noch:

$\dfrac{113}{29,1} = 3\dfrac{257'}{291} = 3'53''$

Mithin ist:
$q_2 = 71^\circ 33' 53''$

Figur 19.

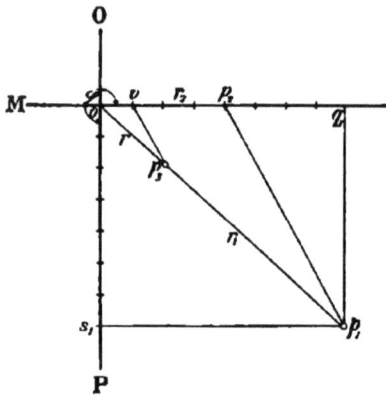

Erkl. 153. Da $\operatorname{tg} q_1 = \dfrac{-7}{+8} = -0,875$ ist, so liegt q_1 im vierten Quadranten (nach Erkl. 102). Man erhält:

$\operatorname{tg} q_1 = 0,87500$
$\operatorname{tg} 41^\circ 10' = 0,87441$
Rest: $\overline{59}$

Differenz für 1 Minute $= 51,4$. Zum Winkel $41^\circ 10'$ kommt also noch:

$\dfrac{59}{51,4} = 1\dfrac{38'}{257} = 1'9''$

Mithin ist:
$q_1 = 360^\circ - 41^\circ 11' 9'' = 318^\circ 48' 51''$

c) $\dfrac{2i}{1+i}$

b) (Figur 19). Man errichte in den Endpunkten der Strecken $oq_1 = +8$ und $os_1 = -7i$ auf MN bezw. OP Normale; ihr Schnittpunkt p_1 stellt dann den gegebenen Dividendus dar. Der Punkt des Divisors liegt auf der Achse der positiven reellen Zahlen um 4 Einheiten vom Nullpunkte entfernt und ist p_2. Man verbinde p_1 mit p_2 und ziehe durch v (den Endpunkt der Strecke $ov = 1$) zu $p_1 p_2$ eine Parallele bis zum Schnitte mit $op_1 = r_1$. Der Schnittpunkt p_3 ist dann der gesuchte Punkt des gegebenen Quotienten. Denn man erhält (nach Erkl. 126):

oder: $ov : op_2 = op_3 : op_1$

oder: $1 : r_2 = r : r_1$

$r = \dfrac{r_1}{r_2}$

Ferner liegt p_3 auf r_1, wie es die Antwort auf Frage 75, b) verlangt.

Trigonometrisch erhält man, wenn man:

$+8 - 7i = r_1 \cdot (\cos q_1 + i \sin q_1)$
$4 = r_2 \cdot (\cos 0^\circ + i \sin 0^\circ)$

und

$\dfrac{+8-7i}{4} = r \cdot (\cos q + i \sin q)$

setzt, für:

$\dfrac{+8-7i}{4} = r \cdot (\cos q + i \sin q) =$

$\dfrac{r_1 \cdot (\cos q_1 + i \sin q_1)}{r_2 \cdot (\cos 0^\circ + i \sin 0^\circ)} = \dfrac{r_1}{r_2} \cdot (\cos q_1 + i \sin q_1)$

(nach Antwort auf Frage 71)

Nun ist:
$r_1 = \sqrt{8^2 + 7^2} = \sqrt{113} = 10,630$
$r_2 = 4$

und

$q_1 = 318^\circ 48' 51''$ (nach Erkl. 153)

folglich gibt:

$\dfrac{+8-7i}{4} = \dfrac{10,630}{4} \cdot$
$(\cos 318^\circ 48' 51'' + i \sin 318^\circ 48' 51'')$
$= 2,658 \cdot (\cos 318^\circ 48' 51'' + i \sin 318^\circ 48' 51'')$

oder (nach Erkl. 101):

$= 2,658 \cdot (\cos 41^\circ 11' 9'' - i \sin 41^\circ 11' 9'')$

Demnach ist:
$r = 2,658$

und
$q = q_1 = 318^\circ 48' 51''$

c) (Figur 20). Der den Dividendus darstellende Punkt liegt auf der Achse der positiven imaginären Zahlen in einer Entfernung von 2 Einheiten vom Nullpunkt und ist p_1. Der Schnittpunkt p_2 der beiden, in

Ueber das graphische und trigonometrische Dividieren. 109

Figur 20.

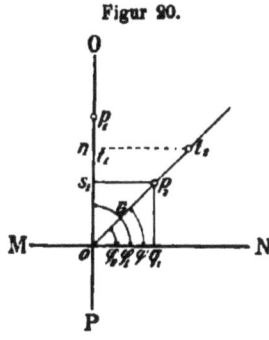

den Endpunkten der Strecken $oq_1 = +1$ und $os_1 = +i$ auf MN bezw. OP errichteten Normalen stellt den gegebenen komplexen Divisor dar. Man verbinde p_2 mit o, lege den Winkel $p_2 o q_1 = \varphi_2$ an $p_1 o$ so an, dass der Winkel $\varphi = 90^0 - \varphi_2$ wird. (Im vorliegenden Beispiele fällt der neue Schenkel des Winkels φ mit dem Schenkel op_2 des Winkels φ_2 zusammen. Es ist demnach $\varphi = \varphi_2$.) Hierauf mache man $ot_1 = r_2$ und $ot_2 = r_1$, verbinde t_1 mit t_2 und ziehe durch s_1 (den Endpunkt der Strecke $os_1 = 1$) eine Parallele bis zum Schnitte mit ot_2. (Im vorliegenden Beispiele fällt diese Parallele mit $s_1 p_2$ zusammen.) Der Schnittpunkt p_2 stellt den Quotienten $\dfrac{2i}{1+i}$ dar, denn man erhält (nach Erkl. 126):

oder:
$$os_1 : ot_1 = op_2 : ot_2$$

$$1 : r_2 = r : r_1$$

d. i.:
$$r = \frac{r_1}{r_2}$$

Ferner liegt der Punkt des Quotienten auf einer Geraden, welche mit der Achse der positiven reellen Zahlen einen Winkel $(90^0 - \varphi_2)$ einschliesst (siehe Antwort auf Frage 75, c).

Trigonometrisch erhält man, wenn man:
$$2i = r_1 \cdot (\cos\varphi_1 + i\sin\varphi_1) = r_1 \cdot (\cos 90^0 + i \sin 90^0)$$
$$1 + i = r_2 \cdot (\cos\varphi_2 + i\sin\varphi_2)$$
und
$$\frac{2i}{1+i} = r \cdot (\cos\varphi + i\sin\varphi)$$

setzt, für:
$$\frac{2i}{1+i} = r \cdot (\cos\varphi + i\sin\varphi) = \frac{r_1 \cdot (\cos 90^0 + i\sin 90^0)}{r_2 \cdot (\cos\varphi_2 + i\sin\varphi_2)}$$

oder:
$$= \frac{r_1}{r_2} \cdot [\cos(90^0 - \varphi_2) + i\sin(90^0 - \varphi_2)] \quad \left\} \begin{array}{l}\text{(nach Antwort}\\\text{auf Frage 71)}\end{array}\right.$$

Nun ist:
$$r_1 = 2$$
$$r_2 = \sqrt{1^2 + 1^2} = \sqrt{2} = 1{,}414$$

Erkl. 154. Da $\operatorname{tg}\varphi_2 = \dfrac{+1}{+1} = +1$ ist, so liegt φ_2 im ersten Quadranten und ist $= 45^0$.

$\varphi_2 = 45^0$ (nach Erkl. 154)

folglich gibt:
$$\frac{2i}{1+i} = \frac{2}{1{,}414} \cdot [\cos(90^0 - 45^0) + i\sin(90^0 - 45^0)]$$

oder:
$$= 1{,}414 \cdot (\cos 45^0 + i\sin 45^0)$$

Demnach ist:
$$r = 1{,}414$$
und
$$\varphi = 45^0$$

d) $\dfrac{3}{-2-3i}$

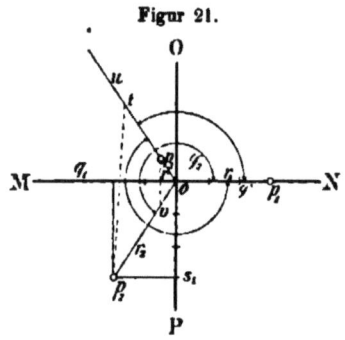

Figur 21.

Erkl. 155. Da $\operatorname{tg} q_2 = \dfrac{-3}{-2} = +1{,}5$ ist, so liegt q_2 im dritten Quadranten (nach Erkl. 102). Man erhält:

$$\operatorname{tg} q_2 = 1{,}5000$$
$$\operatorname{tg} 56^0\,10' = 1{,}4919$$
$$\text{Rest: } \overline{81}$$

Differenz für 1 Minute $= 9{,}4$. Zum Winkel $56^0\,10'$ kommen also noch:

$$\dfrac{81}{9{,}4} = 8\dfrac{29'}{47} = 8'\,37''$$

Mithin ist:

$$q_2 = 180^0 + 56^0\,18'\,37'' = 236^0\,18'\,37''$$

d) (Figur 21). Der den Zähler des gegebenen Bruches darstellende Punkt liegt auf der Achse der positiven reellen Zahlen in einer Entfernung von 3 Einheiten vom Nullpunkt und ist p_1. Der Schnittpunkt p_2 der beiden, in den Endpunkten $oq_1 = -2$ und $os_1 = -3i$ auf MN bezw. OP errichteten Normalen stellt den gegebenen komplexen Nenner dar. Man verbinde p_2 mit o und lege an die Gerade oN den Winkel $p_1 o p_2$ so an, dass Winkel $uoN = Nop_2$ wird. Hierauf mache man $or = 1$ und $ot = op_1 = r_1$, verbinde t mit p_2 und ziehe durch r eine Parallele zu tp_2 bis zum Schnitte mit ot. Der Schnittpunkt p_3 stellt dann den gegebenen Bruch dar. Denn nach Erkl. 126 findet statt:

$$or : op_2 = op_3 : ot$$

oder:

$$1 : r_2 = r : r_1$$

d. i.:

$$r = \dfrac{r_1}{r_2}$$

Ferner ist:

$$\sphericalangle q = \sphericalangle 0^0 - \sphericalangle q_2$$

Demnach ist p_3 der Punkt der Komplexen:

$$\dfrac{r_1}{r_2} \cdot [\cos(0^0 - q_2) + i \sin(0^0 - q_2)]$$

oder:

$$\dfrac{r_1}{r_2} \cdot (\cos q_2 - i \sin q_2) \quad \begin{array}{l}\text{(siehe Antwort}\\ \text{auf Frage 75, a)}\end{array}$$

Trigonometrisch erhält man, da:

$$3 = r_1 \cdot (\cos q_1 + i \sin q_1) = r_1 \cdot (\cos 0^0 + i \sin 0^0)$$
$$-2 - 3i = r_2 \cdot (\cos q_2 + i \sin q_2)$$

und

$$\dfrac{3}{-2-3i} = r \cdot (\cos q + i \sin q)$$

ist, für:

$$\dfrac{3}{-2-3i} = r \cdot (\cos q + i \sin q) = \dfrac{r_1}{r_2} \cdot (\cos q_2 - i \sin q_2)$$

Nun ist:

$$r_1 = 3$$
$$r_2 = \sqrt{2^2 + 3^2} = \sqrt{13} = 3{,}606$$

und

$$q_2 = 236^0\,18'\,37'' \quad \text{(nach Erkl. 155)}$$

folglich gibt:

$$\dfrac{3}{-2-3i} = \dfrac{3}{3{,}606} \cdot (\cos 236^0\,18'\,37'' - i \sin 236^0\,18'\,37'')$$

oder:

$$= 0{,}832\,(-\cos 56^0\,18'\,37'' + i \sin 56^0\,18'\,37'') \quad \text{(nach Erkl. 101)}$$

Demnach ist:

$$r = 0{,}832$$

und es bildet dieser Modulus mit der Achse der positiven reellen Zahlen einen Winkel von:

$$180^0 - 56^0\,18'\,37'' = 123^0\,41'\,23''$$

β) Ungelöste Aufgaben.

Aufgabe 58. Nachfolgende Quotienten sind graphisch und trigonometrisch darzustellen:

a) $\dfrac{2+5i}{1-4i}$

b) $\dfrac{+2+i}{-4i}$

c) $\dfrac{1}{-3-4i}$

Andeutungen.
a) Auflösung analog der Auflösung von Aufgabe 57, a).

b) Die Auflösung geschieht nach der Antwort auf die Fragen 73 und 75, d).

c) Die Auflösung erfolgt nach der Antwort auf die Fragen 72 und 73.

---

4) Ueber das graphische und trigonometrische Potenzieren.

Frage 76. Wie lässt sich die Potenz einer **komplexen Zahl** trigonometrisch darstellen, wenn der Exponent:
a) eine positive,
b) eine negative,
ganze und reelle Zahl ist?

Antwort.
a) Es sei der Potenzexponent n eine positive, ganze und reelle Zahl, und die komplexe Zahl:
$$a + bi = r \cdot (\cos q + i \sin q)$$
Dann erhält man für:
$$(a+bi)^2 = [r \cdot (\cos q + i \sin q)]^2 = r \cdot (\cos q + i \sin q) \cdot r \cdot (\cos q + i \sin q)$$
oder (nach Antwort auf Frage 67):
$$= r^2 \cdot [\cos(q+q) + i \sin(q+q)]$$
d. i.:
$$(a+bi)^2 = r^2 \cdot (\cos 2q + i \sin 2q)$$
Multipliziert man $(a+bi)^2$ mit $(a+bi)$, so ergibt sich:
$$(a+bi)^3 = r^2 \cdot (\cos 2q + i \sin 2q) \cdot r \cdot (\cos q + i \sin q)$$
oder:
$$= r^3 \cdot (\cos 3q + i \sin 3q)$$

Erkl. 156. Die zur Berechnung der Potenzen komplexer Zahlen dienende Formel:
$$(a+bi)^n = r^n \cdot (\cos nq + i \sin nq)$$
wird nach ihrem Erfinder, dem Mathematiker Moivre, die „**Moivresche Formel**" und das in ihr liegende Gesetz der „**Moivresche Satz**" genannt.

Setzt man die Multiplikation mit $(a+bi)$ fort, so erhält man:
$$(a+bi)^4 = r^4 \cdot (\cos 4q + i \sin 4q)$$
oder ganz allgemein:
$$(a+bi)^n = r^n \cdot (\cos nq + i \sin nq)$$
(vergl. Erkl. 156)

b) Ist n eine negative, ganze und reelle Zahl, so hat man:
$$(a+bi)^{-n} = \frac{1}{(a+bi)^n} \quad \text{(nach Erkl. 24)}$$
und
$$[r \cdot (\cos q + i \sin q)]^{-n} = \frac{1}{[r \cdot (\cos q + i \sin q)]^n}$$
oder (nach vorstehender Antwort):
$$(a+bi)^{-n} = \frac{1}{r^n \cdot (\cos nq + i \sin nq)}$$

Erkl. 103. Bei den komplexen Zahlen $+a+bi$ und $-a-bi$ haben a und b dasselbe Verhältnis (denn ist z. B. $a=3$ und $b=4$, so gibt die erstere Komplexe das Verhältnis $\frac{+3}{+4} = +0{,}75$, die letztere das Verhältnis $\frac{-3}{-4} = +0{,}75$), folglich liegen beide Komplexe auf derselben Geraden (nämlich auf $\overline{p_1 0 p_6}$, Figur 7). $(a+bi)$ hat die Amplitude φ, $(-a-bi)$ die Amplitude $(180^0 + \varphi)$.

Faktor des imaginären Gliedes dasselbe Verhältnis besitzen, haben dieselbe oder eine um 180^0 verschiedene Amplitude.

Solche komplexen Zahlen liegen auf derselben, durch den Nullpunkt des Linienkreuzes gehenden geraden Linie (vergl. Erkl. 103).

α) Gelöste Aufgaben.

Aufgabe 43. Es sind nachfolgende komplexe Zahlen auf die trigonometrische Form zu bringen:

a) $2 + 2\sqrt{3}$
b) $+1 - \sqrt{-8}$
c) $-2 - \sqrt{-5}$
d) $-\sqrt{18} + \sqrt{-7}$

Auflösungen.

a) Der Modulus der Komplexen:

$$2 + 2\sqrt{-3} \text{ oder } 2 + 2i\sqrt{3}$$

ist:
$$r = \sqrt{2^2 + (2\sqrt{3})^2} = \sqrt{4 + 12} = \sqrt{16} = 4$$

Den Winkel φ findet man aus:

$$\operatorname{tg}\varphi = \frac{2\sqrt{3}}{2} = \sqrt{3} = 1{,}7321$$

zu 60^0. Demnach ist:

$$2 + 2i\sqrt{3} = 4 \cdot (\cos 60^0 + i \sin 60^0)$$

Diese komplexe Zahl wird also dargestellt durch einen Punkt, welcher auf einer unter 60^0 zur Achse der positiven reellen Zahlen geneigten Geraden, um vier Längeneinheiten vom Nullpunkte des Linienkreuzes entfernt, liegt.

Erkl. 104. Da $\operatorname{tg}\varphi = \frac{-2\sqrt{2}}{+1} = -2{,}8284$ ist, so liegt φ (nach Erkl. 102) im **vierten** Quadranten. Man erhält:

$\operatorname{tg}\varphi = 2{,}8284$
$\operatorname{tg} 70^0 30' = 2{,}8239$
Rest: 45

Differenz für 1 Minute $= 26{,}3$. Zum Winkel $70^0 30'$ kommt also noch:

$$\frac{45}{26{,}3} = 1\frac{187'}{263} \text{ oder } 1' 43''$$

Mithin ist:
$$\varphi = 360^0 - 70^0 31' 43'' = 289^0 28' 17''$$

b) Der Modulus der Komplexen:

$+1 - \sqrt{-8}$ oder $+1 - 2i\sqrt{2}$

ist:
$$r = \sqrt{1^2 + (2\sqrt{2})^2} = \sqrt{1 + 8} = \sqrt{9} = 3$$

Den Winkel φ findet man aus:

$$\operatorname{tg}\varphi = \frac{-2\sqrt{2}}{+1} = -2{,}8284$$

zu $289^0 28' 17''$ (siehe Erkl. 104).

Folglich ist:
$+1 - \sqrt{-8} =$
$\qquad 3 \cdot (\cos 289^0 28' 17'' + i \sin 289^0 28' 17'')$
oder (nach Erkl. 101):
$= 1 - \sqrt{-8} =$
$\qquad 3 \cdot (\cos 70^0 31' 43'' - i \sin 70^0 31' 43'')$

---

c) Der Modulus der Komplexen:

$-2 - \sqrt{-5}$ oder $-2 - i\sqrt{5}$

ist:
$$r = \sqrt{2^2 + (\sqrt{5})^2} = \sqrt{9} = 3$$

Preisgekrönt in Frankfurt a. M. 1881.

Der ausführliche Prospekt und das ausführliche Inhaltsverzeichnis der „vollständig gelösten Aufgabensammlung von Dr. Ad. Kleyer" kann von jeder Buchhandlung, sowie von der Verlagshandlung gratis und portofrei bezogen werden.

Bemerkt sei hier nur:
1). Jedes Heft ist aufgeschnitten und gut brochiert, um den sofortigen und dauernden Gebrauch zu gestatten.
2). Jedes Kapitel enthält sein besonderes Titelblatt, Inhaltsverzeichnis, Berichtigungen und Erklärungen am Schlusse desselben.
3). Auf jedes einzelne Kapitel kann abonniert werden.
4). Monatlich erscheinen 3—4 Hefte zu dem Abonnementspreise von 25 Pfg. pro Heft.
5). Die Reihenfolge der Hefte im nachstehenden, kurz angedeuteten Inhaltsverzeichnis ist, wie aus dem Prospekt ersichtlich, ohne jede Bedeutung für die Interessenten.
6). Das Werk enthält Alles, was sich überhaupt auf mathematische Wissenschaften bezieht, alle Lehrsätze, Formeln und Regeln etc. mit Beweisen, alle praktischen Aufgaben in vollständig gelöster Form mit Anhängen ungelöster analoger Aufgaben und vielen vortrefflichen Figuren.
7). Das Werk ist ein praktisches Lehrbuch für Schüler aller Schulen, das beste Handbuch für Lehrer und Examinatoren, das vorzüglichste Lehrbuch zum Selbststudium, das vortrefflichste Nachschlagebuch für Fachleute und Techniker jeder Art.
8). Alle Buchhandlungen nehmen Bestellungen entgegen.

☛ Das vollständige
Inhaltsverzeichnis
der bis jetzt erschienenen Hefte
kann durch jede Buchhandlung bezogen werden.

Halbjährlich erscheinen Nachträge über die inzwischen neu erschienenen Hefte.

975. Heft.

Preis des Heftes 35 Pf.

Das Rechnen mit imaginären und komplexen Zahlen.
Forts. v. Heft 953. — Seite 129—144.
Mit 2 Figuren.

Vollständig gelöste
Aufgaben-Sammlung
— nebst Anhängen ungelöster Aufgaben, für den Schul- & Selbstunterricht —
mit
Angabe und Entwicklung der benutzten Sätze, Formeln, Regeln in Fragen und Antworten
erläutert durch
viele Holzschnitte & lithograph. Tafeln,
aus allen Zweigen
der Rechenkunst, der niederen (Algebra, Planimetrie, Stereometrie, ebenen u. sphärischen Trigonometrie, synthetischen Geometrie etc.) u. höheren Mathematik (höhere Analysis, Differential- u. Integral-Rechnung, analytische Geometrie der Ebene u. des Raumes etc.); — aus allen Zweigen der Physik, Mechanik, Graphostatik, Chemie, Geodäsie, Nautik, mathemat. Geographie, Astronomie; des Maschinen-, Strassen-, Eisenbahn-, Wasser-, Brücken- u. Hochbau's; der Konstruktionslehren als: darstell. Geometrie, Polar- u. Parallel-Perspective, Schattenkonstruktionen etc. etc
für
Schüler, Studierende, Kandidaten, Lehrer, Techniker jeder Art, Militärs etc.
zum einzig richtigen und erfolgreichen
Studium, zur Forthülfe bei Schularbeiten und zur **rationellen Verwertung**
der exakten Wissenschaften,
herausgegeben von
Dr. Adolph Kleyer,
Mathematiker, vereideter königl. preuss. Feldmesser, vereideter grossh. hessischer Geometer I. Klasse
in **Frankfurt a. M.**
unter Mitwirkung der bewährtesten Kräfte.

Das Rechnen mit imaginären und komplexen Zahlen.
Nach System Kleyer bearbeitet von **Rich. Krüger.**
Fortsetzung von Heft 953. — Seite 129—144. Mit 2 Figuren.

Inhalt:
Gelöste und ungelöste Aufgaben. — Ueber das graphische Radizieren. — Gelöste und ungelöste Aufgaben. — Ueber die Auflösung der binomischen Gleichungen. — Gelöste und ungelöste Aufgaben. — Ueber die Beziehungen zwischen den Potenzen von Sinus und Kosinus eines Winkels und dem Sinus und Kosinus vom Vielfachen dieses Winkels. — Ueber die Darstellung der Potenzen von Sinus und Kosinus eines Winkels durch Sinus und Kosinus vom Vielfachen dieses Winkels. — Gelöste Aufgaben.

Stuttgart 1891.
Verlag von Julius Maier.

Preisgekrönt in Frankfurt a. M. 1881.

PROSPEKT.

Dieses Werk, welchem kein Ähnliches zur Seite steht, erscheint monatlich in 3—4 Heften zu dem billigen Preise von 25 ₰ pro Heft und bringt eine Sammlung der wichtigsten und praktischsten Aufgaben aus dem Gesamtgebiete der Mathematik, Physik, Mechanik, math. Geographie, Astronomie, des Maschinen-, Strassen-, Eisenbahn-, Brücken- und Hochbaues, des konstruktiven Zeichnens etc. etc. und zwar in vollständig gelöster Form, mit vielen Figuren, Erklärungen nebst Angabe und Entwickelung der benutzten Sätze, Formeln, Regeln in Fragen mit Antworten etc., so dass die Lösung jedermann verständlich sein kann, bezw. wird, wenn eine grössere Anzahl der Hefte erschienen ist, da dieselben sich in ihrer Gesamtheit ergänzen und alsdann auch alle Teile der reinen und angewandten Mathematik — nach besonderen selbständigen Kapiteln angeordnet — vorliegen.

Fast jedem Hefte ist ein Anhang von ungelösten Aufgaben beigegeben, welche der eigenen Lösung (in analoger Form, wie die bezüglichen gelösten Aufgaben) des Studierenden überlassen bleiben, und zugleich von den Herren Lehrern für den Schulunterricht benutzt werden können. — Die Lösungen hierzu werden später in besonderen Heften für die Hand des Lehrers erscheinen. Am Schlusse eines jeden Kapitels gelangen: Titelblatt, Inhaltsverzeichnis, Berichtigungen und erläuternde Erklärungen über das betreffende Kapitel zur Ausgabe.

Das Werk behandelt zunächst den Hauptbestandteil des mathematisch-naturwissenschaftlichen Unterrichtsplanes folgender Schulen: Realschulen I. und II. Ord., gleichberechtigten höheren Bürgerschulen, Privatschulen, Gymnasien, Realgymnasien, Progymnasien, Schullehrer-Seminaren, Polytechniken, Techniken, Baugewerkschulen, Gewerbeschulen, Handelsschulen, techn. Vorbereitungsschulen aller Arten, gewerbliche Fortbildungsschulen, Akademien, Universitäten, Land- und Forstwissenschaftsschulen, Militärschulen, Vorbereitungs-Anstalten aller Arten als z. B. für das Einjährig-Freiwillige- und Offiziers-Examen, etc.

Die Schüler, Studierenden und Kandidaten der mathematischen, technischen und naturwissenschaftlichen Fächer, werden durch diese, Schritt für Schritt gelöste, Aufgabensammlung immerwährend an ihre in der Schule erworbenen oder nur gehörten Theorien etc. erinnert und wird ihnen hiermit der Weg zum unfehlbaren Auffinden der Lösungen derjenigen Aufgaben gezeigt, welche sie bei ihren Prüfungen zu lösen haben, zugleich aber auch die überaus grosse Fruchtbarkeit der mathematischen Wissenschaften vorgeführt.

Dem Lehrer soll mit dieser Aufgabensammlung eine kräftige Stütze für den Schulunterricht geboten werden, indem zur Erlernung des praktischen Teiles der mathematischen Disziplinen — zum Auflösen von Aufgaben — in den meisten Schulen oft keine Zeit erübrigt werden kann, hiermit aber dem Schüler bei seinen häuslichen Arbeiten eine vollständige Anleitung in die Hände gegeben wird, entsprechende Aufgaben zu lösen, die gehabten Regeln, Formeln, Sätze etc. anzuwenden und praktisch zu verwerten. Lust, Liebe und Verständnis für den Schul-Unterricht wird dadurch erhalten und belebt werden.

Den Ingenieuren, Architekten, Technikern und Fachgenossen aller Art, Militärs etc. etc. soll diese Sammlung zur Auffrischung der erworbenen und vielleicht vergessenen mathematischen Kenntnisse dienen und zugleich durch ihre praktischen in allen Berufszweigen vorkommenden Anwendungen einem toten Kapitale lebendige Kraft verleihen und somit den Antrieb zu weiteren praktischen Verwertungen und weiteren Forschungen geben.

Alle Buchhandlungen nehmen Bestellungen entgegen. Wichtige und praktische Aufgaben werden mit Dank von der Redaktion entgegengenommen und mit Angabe der N° verbreitet. — Wünsche, Fragen etc., welche die Redaktion betreffen, nimmt der Ver Dr. Kleyer, Frankfurt a. M. Fischerfeldstrasse 16, entgegen und wird deren E-

Ueber die Darstellung des Sinus und Cosinus vom Vielfachen eines Winkels etc. 145

Folglich erhält man für:

$$\sin^4 50^0 = \frac{1}{8} \cdot (\cos 200^0 - 4\cos 100^0 - 3)$$

Nun ist:
$\cos 200^0 = -\cos 20^0 = -0{,}93969$
$\cos 100^0 = -\cos 80^0 = -0{,}17365$

folglich gibt:

$$\sin^4 50^0 = \frac{1}{8} \cdot (-0{,}93969 + 4 \cdot 0{,}17365 + 3) = \frac{1}{8} \cdot 2{,}75491 = 0{,}344364$$

β) Ungelöste Aufgaben.

Aufgabe 79. Es ist:
a) $\cos^3 \varphi$
b) $\cos^4 \varphi$

durch den Cosinus vom Vielfachen des Winkels φ,

c) $\sin^3 \varphi$
d) $\sin^6 \varphi$

durch den Sinus vom Vielfachen des Winkels φ auszudrücken.

Andeutung. Auflösung analog den Auflösungen der Aufgaben 75 und 77.

Aufgabe 80. Mittelst der sich aus der Auflösung der Aufgabe 79 ergebenden Formeln sind zu berechnen:

a) $\cos^3 40^0$
b) $\cos^4 40^0$
c) $\sin^5 20^0$
d) $\sin^6 20^0$

Andeutung. Auflösung analog den Auflösungen der Aufgaben 76 und 78. Zur Probe sind die nebenstehenden Funktionen auch ohne die Formeln aus den Fragen 90 und 91 zu berechnen.

b) Ueber die Darstellung des Sinus und Cosinus vom Vielfachen eines Winkels durch Potenzen des Sinus und Cosinus vom einfachen Winkel.

Frage 92. Wie lässt sich:

$\cos n\varphi$

durch Potenzen von $\cos \varphi$ und $\sin \varphi$ ausdrücken?

Antwort. Nach der Antwort auf Frage 90 ist:

$2\cos n\varphi = (\cos \varphi + i\sin \varphi)^n + (\cos \varphi - i\sin \varphi)^n$

Entwickelt man die rechte Seite dieser Gleichung nach der Formel des binomischen Lehrsatzes (siehe Erkl. 79), so erhält man, wenn n eine ganze Zahl ist:

$$2\cos n\varphi = \cos^n \varphi + n \cdot \cos^{n-1} \varphi \cdot i \cdot \sin \varphi + \frac{n \cdot (n-1)}{1 \cdot 2} \cdot \cos^{n-2} \varphi \cdot i^2 \cdot \sin^2 \varphi + \frac{n \cdot (n-1) \cdot (n-2)}{1 \cdot 2 \cdot 3} \cdot$$

$$\cos^{n-3} \varphi \cdot i^3 \cdot \sin^3 \varphi + \frac{n \cdot (n-1) \cdot (n-2) \cdot (n-3)}{1 \cdot 2 \cdot 3 \cdot 4} \cdot \cos^{n-4} \varphi \cdot i^4 \cdot \sin^4 \varphi + \cdots$$

$$+ i^n \cdot \sin^n \varphi + \cos^n \varphi - n \cdot \cos^{n-1} \varphi \cdot i \cdot \sin \varphi + \frac{n \cdot (n-1)}{1 \cdot 2} \cdot \cos^{n-2} \varphi \cdot i^2 \cdot \sin^2 \varphi$$

$$- \frac{n \cdot (n-1) \cdot (n-2)}{1 \cdot 2 \cdot 3} \cdot \cos^{n-3} \varphi \cdot i^3 \cdot \sin^3 \varphi + \frac{n \cdot (n-1) \cdot (n-2) \cdot (n-3)}{1 \cdot 2 \cdot 3 \cdot 4} \cdot$$

$$\cos^{n-4} \varphi \cdot i^4 \cdot \sin^4 \varphi - \cdots \pm i^n \cdot \sin^n \varphi$$

oder vereinigt:

$$2\cos n\varphi = 2\cos^n\varphi + \frac{2\cdot n\cdot(n-1)}{1\cdot 2}\cdot \cos^{n-2}\varphi\cdot i^2\cdot \sin^2\varphi$$
$$+ 2\cdot \frac{n\cdot(n-1)\cdot(n-2)\cdot(n-3)}{1\cdot 2\cdot 3\cdot 4}\cdot \cos^{n-4}\varphi\cdot i^4\cdot \sin^4\varphi + \cdots$$

oder, weil $i^2 = -1$, $i^4 = +1 \cdots$ ist und sich aus sämtlichen Gliedern der Faktor 2 fortheben lässt:

$$\cos n\varphi = \cos^n\varphi - \frac{n\cdot(n-1)}{1\cdot 2}\cdot \cos^{n-2}\varphi\cdot \sin^2\varphi + \frac{n\cdot(n-1)\cdot(n-2)\cdot(n-3)}{1\cdot 2\cdot 3\cdot 4}\cdot \cos^{n-4}\varphi\cdot \sin^4\varphi$$
$$-\frac{n\cdot(n-1)\cdot(n-2)\cdot(n-3)\cdot(n-4)\cdot(n-5)}{1\cdot 2\cdot 3\cdot 4\cdot 5\cdot 6}\cdot \cos^{n-6}\varphi\cdot \sin^6\varphi + \cdots$$

Frage 93. Wie lässt sich: $\sin n\varphi$ durch Potenzen von $\sin\varphi$ und $\cos\varphi$ ausdrücken?

Antwort. Nach der Antwort auf Frage 91 ist:

$$2i\sin n\varphi = (\cos\varphi + i\sin\varphi)^n - (\cos\varphi - i\sin\varphi)^n$$

Entwickelt man die rechte Seite dieser Gleichung nach der Formel des binomischen Lehrsatzes, so erhält man, wenn n eine ganze Zahl ist:

$$2i\sin n\varphi = \cos^n\varphi + n\cdot \cos^{n-1}\varphi\cdot i\cdot \sin\varphi + \frac{n\cdot(n-1)}{1\cdot 2}\cdot \cos^{n-2}\varphi\cdot i^2\cdot \sin^2\varphi + \frac{n\cdot(n-1)\cdot(n-2)}{1\cdot 2\cdot 3}\cdot \cos^{n-3}\varphi\cdot i^3\cdot \sin^3\varphi + \frac{n\cdot(n-1)\cdot(n-2)\cdot(n-3)}{1\cdot 2\cdot 3\cdot 4}\cdot \cos^{n-4}\varphi\cdot i^4\cdot \sin^4\varphi + \cdots$$
$$+ i^n\cdot \sin^n\varphi - \cos^n\varphi + n\cdot \cos^{n-1}\varphi\cdot i\cdot \sin\varphi - \frac{n\cdot(n-1)}{1\cdot 2}\cdot \cos^{n-2}\varphi\cdot i^2\cdot \sin^2\varphi$$
$$+ \frac{n\cdot(n-1)\cdot(n-2)}{1\cdot 2\cdot 3}\cdot \cos^{n-3}\varphi\cdot i^3\cdot \sin^3\varphi - \frac{n\cdot(n-1)\cdot(n-2)\cdot(n-3)}{1\cdot 2\cdot 3\cdot 4}\cdot \cos^{n-4}\varphi\cdot i^4\cdot \sin^4\varphi + \cdots \mp i^n\cdot \sin^n\varphi$$

oder vereinigt:

$$2i\sin n\varphi = 2n\cdot \cos^{n-1}\varphi\cdot i\cdot \sin\varphi + \frac{2\cdot n\cdot(n-1)\cdot(n-2)}{1\cdot 2\cdot 3}\cdot \cos^{n-3}\varphi\cdot i^3\cdot \sin^3\varphi$$
$$+ \frac{2\cdot n\cdot(n-1)\cdot(n-2)\cdot(n-3)\cdot(n-4)}{1\cdot 2\cdot 3\cdot 4\cdot 5}\cdot \cos^{n-5}\varphi\cdot i^5\cdot \sin^5\varphi + \cdots$$

oder, da sich aus sämtlichen Gliedern der Gleichung der Faktor 2 fortheben lässt und $i^3 = -i$, $i^5 = +i$, $i^7 = -i$ u. s. w. ist:

$$i\sin n\varphi = n\cdot \cos^{n-1}\varphi\cdot i\cdot \sin\varphi - \frac{n\cdot(n-1)\cdot(n-2)}{1\cdot 2\cdot 3}\cdot \cos^{n-3}\varphi\cdot i\cdot \sin^3\varphi$$
$$+ \frac{n\cdot(n-1)\cdot(n-2)\cdot(n-3)\cdot(n-4)}{1\cdot 2\cdot 3\cdot 4\cdot 5}\cdot \cos^{n-5}\varphi\cdot i\cdot \sin^5\varphi - \cdots$$

oder endlich, indem man die ganze Gleichung durch i dividiert:

$$\sin n\varphi = n\cdot \cos^{n-1}\varphi\cdot \sin\varphi - \frac{n\cdot(n-1)\cdot(n-2)}{1\cdot 2\cdot 3}\cdot \cos^{n-3}\varphi\cdot \sin^3\varphi$$
$$+ \frac{n\cdot(n-1)\cdot(n-2)\cdot(n-3)\cdot(n-4)}{1\cdot 2\cdot 3\cdot 4\cdot 5}\cdot \cos^{n-5}\varphi\cdot \sin^5\varphi - \cdots$$

a) Gelöste Aufgaben.

Aufgabe 81. Es ist:
a) $\sin 5\varphi$
b) $\sin 6\varphi$

durch Potenzen von $\sin\varphi$ und $\cos\varphi$ auszudrücken.

Auflösung. Setzt man in die letzte Gleichung der Antwort auf Frage 93 für $n=5$ ein, so ergibt sich:

a) $\sin 5\varphi = 5\cdot\cos^4\varphi\cdot\sin\varphi - \dfrac{5\cdot 4\cdot 3}{1\cdot 2\cdot 3}\cdot\cos^2\varphi\cdot\sin^3\varphi + \dfrac{5\cdot 4\cdot 3\cdot 2\cdot 1}{1\cdot 2\cdot 3\cdot 4\cdot 5}\cdot\cos^0\varphi\cdot\sin^5\varphi$

oder:

$= 5\cdot\cos^4\varphi\cdot\sin\varphi - 10\cdot\cos^2\varphi\cdot\sin^3\varphi + \sin^5\varphi$

weil $\cos^0\varphi = 1$ ist (siehe Erkl. 22).

b) $\sin 6\varphi = 6\cdot\cos^5\varphi\cdot\sin\varphi - \dfrac{6\cdot 5\cdot 4}{1\cdot 2\cdot 3}\cdot\cos^3\varphi\cdot\sin^3\varphi + \dfrac{6\cdot 5\cdot 4\cdot 3\cdot 2}{1\cdot 2\cdot 3\cdot 4\cdot 5}\cdot\cos\varphi\cdot\sin^5\varphi$

oder:

$= 6\cdot\cos^5\varphi\cdot\sin\varphi - 20\cdot\cos^3\varphi\cdot\sin^3\varphi + 6\cdot\cos\varphi\cdot\sin^5\varphi$

Aufgabe 82. Es ist:
a) $\sin 5\varphi$
b) $\cos 6\varphi$

nach den in der Auflösung voriger Aufgabe entwickelten Formeln zu berechnen für $\varphi = 25^0$.

Erkl. 205. Es ist:
$\sin 125^0 = \sin(180^0 - 125^0) = \sin 55^0 = 0{,}81915$
und
$\sin 150^0 = \sin 30^0 = 0{,}5$

Erkl. 206.
$\log(5\cdot 0{,}90631^4\cdot 0{,}42262) =$
$\qquad \log 5 + 4\cdot\log 0{,}90631 + \log 0{,}42262$

$\log 5 = 0{,}69897$
$4\log 0{,}90631 = 0{,}82912 - 1$ } $\log 0{,}90631 = 0{,}95728 - 1$
$\log 0{,}42262 = 0{,}62595 - 1$
$\overline{2{,}15404 - 2}$ oder $= 0{,}15404$
numlog $0{,}15404 = 1{,}42574$

$\log(10\cdot 0{,}90631^2\cdot 0{,}42262^3) =$
$\qquad \log 10 + 2\cdot\log 0{,}90631 + 3\cdot\log 0{,}42262$

$\log 10 = 1{,}00000$
$2\log 0{,}90631 = 0{,}91456 - 1$
$3\log 0{,}42262 = 0{,}87785 - 2$
$\overline{2{,}79241 - 3}$ oder $= 0{,}79241 - 1$
numlog $0{,}79241 - 1 = 0{,}62003$

$\log(0{,}42262)^5 = 5\cdot\log 0{,}42262 = 0{,}12975 - 2$
numlog $0{,}12975 - 2 = 0{,}01348$

Demnach gibt:
$\sin 125^0 = (1{,}42574 + 0{,}01348) - 0{,}62003 = 0{,}81919$

Erkl. 206a. Die vorstehende logarithmische Berechnung von Produkten und Potenzen beruht auf folgenden Sätzen der Logarithmenrechnung:

„Der Logarithmus eines Produktes ist gleich der Summe der Logarithmen der einzelnen Faktoren."

Auflösung.

a) Da:
$\sin 5\varphi = 5\cdot\cos^4\varphi\cdot\sin\varphi - 10\cdot\cos^2\varphi\cdot\sin^3\varphi + \sin^5\varphi$

ist, so gibt:
$\sin 5\cdot 25^0$ oder $\sin 125^0 = 5\cdot\cos^4 25^0\cdot\sin 25^0$
$\qquad - 10\cdot\cos^2 25^0\cdot\sin^3 25^0 + \sin^5 25^0$

oder:
$= 5\cdot 0{,}90631^4\cdot 0{,}42262 - 10\cdot 0{,}90631^2\cdot 0{,}42262^3$
$\qquad + 0{,}42262^5$

oder (nach Erkl. 206):
$\qquad \sin 125^0 = 0{,}81923$

b) Da:
$\sin 6\varphi = 6\cdot\cos^5\varphi\cdot\sin\varphi - 20\cdot\cos^3\varphi\cdot\sin^3\varphi$
$\qquad + 6\cdot\cos\varphi\cdot\sin^5\varphi$

ist, so erhält man für:
$\sin 6\cdot 25^0$ oder $\sin 150^0 = 6\cdot\cos^5 25^0\cdot\sin 25^0$
$\qquad - 20\cdot\cos^3 25^0\cdot\sin^3 25^0 + 6\cdot\cos 25^0\cdot\sin^5 25^0$

oder:
$= 6\cdot 0{,}90631^5\cdot 0{,}42262 - 20\cdot 0{,}90631^3\cdot 0{,}42262^3$
$\qquad + 6\cdot 0{,}90631\cdot 0{,}42262^5$

oder (nach Erkl. 207):
$\qquad \sin 150^0 = 0{,}5$

"Der Logarithmus einer Potenz ist gleich dem Logarithmus der Grundzahl, multipliziert mit dem Exponenten."

Erkl. 207.

$\log (6 \cdot 0{,}90631^5 \cdot 0{,}42262) = \log 6 + 5 \log 0{,}90631 + \log 0{,}42262$

$\log 6 = 0{,}77815$
$5 \log 0{,}90631 = 4{,}78640 - 5$
$\log 0{,}42262 = 0{,}62595 - 1$
$\overline{6{,}19050 - 6}$ oder $= 0{,}19050$

numlog $0{,}19050 = 1{,}55063$

$\log (20 \cdot 0{,}90631^3 \cdot 0{,}42262^3) = \log 20 + 3 \log 0{,}90631 + 3 \log 0{,}42262$

$\log 20 = 1{,}30103$
$3 \log 0{,}90631 = 2{,}87184 - 3$
$3 \log 0{,}42262 = 1{,}87785 - 3$
$\overline{6{,}05072 - 6}$ oder $= 0{,}05072$

numlog $0{,}05072 = 1{,}12387$

$\log (6 \cdot 0{,}90631 \cdot 0{,}42262^5) = \log 6 + \log 0{,}90631 + 5 \log 0{,}42262$

$\log 6 = 0{,}77815$
$\log 0{,}90631 = 0{,}95728 - 1$
$5 \log 0{,}42262 = 3{,}12975 - 5$
$\overline{4{,}86518 - 6}$ oder $= 0{,}86518 - 2$

numlog $0{,}86518 - 2 = 0{,}07331$

Folglich ist:

$\sin 15^0 = (1{,}55063 - 1{,}12387) + 0{,}07331 = 0{,}5$

Aufgabe 83. Es ist:

a) $\cos 3\varphi$
b) $\cos 4\varphi$

durch Potenzen von $\cos \eta$ und $\sin \eta$ auszudrücken.

Auflösung. Nach der Antwort auf Frage 92 ist:

$\cos n\eta = \cos^n\varphi - \dfrac{n \cdot (n-1)}{1 \cdot 2} \cdot \cos^{n-2}\varphi \cdot \sin^2\eta$
$\qquad + \dfrac{n \cdot (n-1) \cdot (n-2) \cdot (n-3)}{1 \cdot 2 \cdot 3 \cdot 4} \cdot \cos^{n-4}\eta \cdot \sin^4\eta - \cdots$

Demnach erhält man:

a) für $n = 3$:

$\cos 3\varphi = \cos^3\varphi - \dfrac{3 \cdot 2}{1 \cdot 2} \cdot \cos\eta \cdot \sin^2\varphi = \cos^3\varphi - 3 \cos\eta \cdot \sin^2\eta$

b) für $n = 4$:

$\cos 4\eta = \cos^4\eta - \dfrac{4 \cdot 3}{1 \cdot 2} \cdot \cos^2\eta \cdot \sin^2\eta + \dfrac{4 \cdot 3 \cdot 2 \cdot 1}{1 \cdot 2 \cdot 3 \cdot 4} \cdot \cos^0\eta \cdot \sin^4\eta$
$= \cos^4\eta - 6 \cos^2\varphi \cdot \sin^2\eta + \sin^4\eta$

weil $\cos^0 \eta = 1$ (nach Erkl. 22) ist.

Aufgabe 84. Es ist:

a) $\cos 3\varphi$
b) $\cos 4\varphi$

nach den in der Auflösung voriger Aufgabe entwickelten Formeln für $\eta = 15^0$ zu berechnen.

Erkl. 208. Es ist:

$\cos 45^0 = 0{,}70711$
und $\cos 60^0 = 0{,}5$

Auflösung.

a) Da:

$\cos 3\varphi = \cos^3\varphi - 3 \cos\eta \cdot \sin^2\eta$

ist, so erhält man für:

$\cos 3 \cdot 15^0$ oder $\cos 45^0 =$
$\qquad \cos^3 15^0 - 3 \cdot \cos 15^0 \cdot \sin^2 15^0$

oder: $= 0{,}96593^3 - 3 \cdot 0{,}96593 \cdot 0{,}25882^2$

oder: $= 0{,}70715$ (siehe Erkl. 209)

Erkl. 209.
$\log 0{,}96593^3 = 3 \cdot \log 0{,}96593 = 2{,}95485 - 3$
oder: $= 0{,}95485 - 1$
numlog $0{,}95485 - 1 = 0{,}90126$
$\log (3 \cdot 0{,}96593 \cdot 0{,}25882^2) =$
$\quad \log 3 + \log 0{,}96593 + 2 \log 0{,}25882$
$\log 3 = 0{,}47712$
$\log 0{,}96593 = 0{,}98495 - 1$
$2 \log 0{,}25882 = 0{,}82598 - 2$
$\overline{\quad 2{,}28805 - 3\quad}$ oder $= 0{,}28805 - 1$
numlog $0{,}28805 - 1 = 0{,}19411$
folglich ist:
$\cos 45^0 = 0{,}90126 - 0{,}19411 = 0{,}70715$

b) Da:
$\cos 4\varphi = \cos^4\varphi - 6\cos^2\varphi \cdot \sin^2\varphi + \sin^4\varphi$
so gibt:
$\cos 4 \cdot 15^0$ oder $\cos 60^0 =$
$\quad 0{,}96593^4 - 6 \cdot 0{,}96592^2 \cdot 0{,}25882^2 + 0{,}25882^4$
oder (nach Erkl. 208 bezw. 210):
$\cos 60^0 = 0{,}5$

Erkl. 210.
$\log 0{,}96593^4 = 4 \log 0{,}96593 = 4 \cdot (0{,}98495 - 1) = 0{,}93980 - 1$
numlog $0{,}93980 - 1 = 0{,}87056$
$\log (6 \cdot 0{,}96593^2 \cdot 0{,}25882^2) = \log 6 + 2 \cdot \log 0{,}96593 + 2 \log 0{,}25882$
$\log 6 = 0{,}77815$
$2 \log 0{,}96593 = 1{,}96990 - 2$
$2 \log 0{,}25882 = 0{,}82598 - 2$
$\overline{\quad 3{,}57403 - 4\quad}$ oder $= 0{,}57403 - 1$
numlog $0{,}57403 - 1 = 0{,}3750$
$\log 0{,}25882^4 = 4 \cdot \log 0{,}25882 = 1{,}65196 - 4 = 0{,}65196 - 3$
numlog $0{,}65196 - 3 = 0{,}004487$
Demnach gibt:
$\cos 60^0 = (0{,}87056 + 0{,}004487) - 0{,}8750 = 0{,}5$

β) Ungelöste Aufgaben.

Aufgabe 85. Es ist:
a) $\sin 3\varphi$
b) $\sin 4\varphi$
c) $\cos 5\varphi$
d) $\cos 6\varphi$
durch Potenzen von $\sin q$ und $\cos q$ auszudrücken.

Andeutung. Auflösung analog den Auflösungen der Aufgaben 81 und 83.

Aufgabe 86. Es ist:
a) $\sin 3\varphi$
b) $\sin 4\varphi$
für $q = 20^0$,
c) $\cos 5\varphi$
d) $\cos 6\varphi$
für $q = 55^0$
nach den sich aus der Auflösung der Aufgabe 85 ergebenden Formeln zu berechnen.

Andeutung. Auflösung analog den Auflösungen der Aufgaben 82 und 84.

F. Ueber die Exponentialreihe und einige Anwendungen derselben auf die vorliegenden Probleme.

Anmerkung 13. Vorausgesetzt werden Kenntnisse vom binomischen Lehrsatze, von der Logarithmenrechnung und der Goniometrie.

a) Ueber die Exponentialreihe im allgemeinen.

Frage 94. Was versteht man unter der Exponentialreihe? Wie wird dieselbe entwickelt?

Antwort. Nach dem binomischen Lehrsatze (siehe Erkl. 79) gibt:

$$(a+b)^n = a^n + n \cdot a^{n-1} \cdot b + \frac{n \cdot (n-1)}{1 \cdot 2} \cdot a^{n-2} \cdot b^2 + \frac{n \cdot (n-1) \cdot (n-2)}{1 \cdot 2 \cdot 3} \cdot a^{n-3} \cdot b^3 + \ldots$$

Setzt man in diese Gleichung 1 statt a und $\frac{x}{n}$ statt b, worin x irgend eine ganze oder gebrochene, reelle Zahl bedeute, so erhält man:

$$\left(1 + \frac{x}{n}\right)^n = 1^n + n \cdot 1^{n-1} \cdot \frac{x}{n} + \frac{n \cdot (n-1)}{1 \cdot 2} \cdot 1^{n-2} \cdot \frac{x^2}{n^2} + \frac{n \cdot (n-1) \cdot (n-2)}{1 \cdot 2 \cdot 3} \cdot 1^{n-3} \cdot \frac{x^3}{n^3} + \ldots$$

oder, da:

$$\frac{n \cdot (n-1)}{n^2} = \frac{n^2 - n}{n^2} = 1 - \frac{1}{n}$$

und

$$\frac{n \cdot (n-1) \cdot (n-2)}{n^3} = \frac{n^3 - 3n^2 + 2n}{n^3} = 1 - \frac{3}{n} + \frac{2}{n^2} = \left(1 - \frac{1}{n}\right) \cdot \left(1 - \frac{2}{n}\right) \ldots$$

gibt:

$$\left(1 + \frac{x}{n}\right)^n = 1 + x + \left(1 - \frac{1}{n}\right) \cdot \frac{x^2}{1 \cdot 2} + \left(1 - \frac{1}{n}\right) \cdot \left(1 - \frac{2}{n}\right) \cdot \frac{x^3}{1 \cdot 2 \cdot 3} + \ldots$$

Ist die Anzahl der Glieder der vorstehenden Reihe unendlich gross, ist also $n = \infty$, so ist:

$$\frac{1}{n} = \frac{1}{\infty} = 0$$

$$\frac{2}{n} = \frac{2}{\infty} = 0 \text{ u. s. w.}$$

und man erhält:

$$1 - \frac{1}{n} = 1 - 0 = 1$$

$$1 - \frac{2}{n} = 1 - 0 = 1 \text{ u. s. w.}$$

oder für:

$$\left(1 + \frac{x}{n}\right)^n = 1 + x + \frac{x^2}{1 \cdot 2} + \frac{x^3}{1 \cdot 2 \cdot 3} + \frac{x^4}{1 \cdot 2 \cdot 3 \cdot 4} + \cdots \text{ (bis ins Unendliche)}$$

Erkl. 211. Mittelst der für e entwickelten unendlichen Reihe können beliebige Potenzen oder Wurzeln von $e = 2{,}71828 \ldots$ berechnet werden, weil x jede beliebige, positive oder negative, ganze oder gebrochene Zahl sein kann.
Diese Reihe führt den Namen „Exponentialreihe".

Wird 1 statt x gesetzt, so ergibt sich:

$$\left(1 + \frac{1}{n}\right)^n = 1 + 1 + \frac{1}{1 \cdot 2} + \frac{1}{1 \cdot 2 \cdot 3} + \frac{1}{1 \cdot 2 \cdot 3 \cdot 4} + \cdots \text{ (bis ins Unendliche)}$$

Berechnet man die rechte Seite dieser Gleichung, so erhält man einen unendlichen Dezimalbruch, dessen erste 6 Ziffern:

$$2{,}71828 \ .$$

Ueber die Exponentialreihe und einige Anwendungen derselben auf die vorlieg. Probleme.

sind. Dieser Dezimalbruch wird in der mathematischen Wissenschaft mit e bezeichnet. Es ist also:

$$e = \left(1 + \frac{1}{n}\right)^n = 1 + 1 + \frac{1}{2} + \frac{1}{6} + \frac{1}{24} + \cdots \text{ (bis ins Unendliche)}$$

und

$$e^x = \left(1 + \frac{x}{n}\right)^n = 1 + x + \frac{x^2}{1 \cdot 2} + \frac{x^3}{1 \cdot 2 \cdot 3} + \frac{x^4}{1 \cdot 2 \cdot 3 \cdot 4} + \cdots \text{ (bis ins Unendliche)}$$

ferner:

$$e^{-x} = \left(1 - \frac{x}{n}\right)^n = 1 - x + \frac{x^2}{1 \cdot 2} - \frac{x^3}{1 \cdot 2 \cdot 3} + \frac{x^4}{1 \cdot 2 \cdot 3 \cdot 4} - \cdots \text{ (bis ins Unendliche)}$$

(siehe Erkl. 211)

Frage 95. Was erhält man für:
e^{ix} und e^{-ix}?

Erkl. 212. Ist $x = 0$, so ergibt sich:

$$\cos 0^0 = 1 - \frac{0}{1 \cdot 2} + \frac{0}{1 \cdot 2 \cdot 3 \cdot 4} - \frac{0}{1 \cdot 2 \cdot 3 \cdot 4 \cdot 5 \cdot 6} + \cdots = 1$$

$$\sin 0^0 = 0 - \frac{0}{1 \cdot 2 \cdot 3} + \frac{0}{1 \cdot 2 \cdot 3 \cdot 4 \cdot 5} - \cdots = 0$$

Setzt man für $x = -x$, so folgt:

$$\cos(-x) = 1 - \frac{x^2}{1 \cdot 2} + \frac{x^4}{1 \cdot 2 \cdot 3 \cdot 4} - \frac{x^6}{1 \cdot 2 \cdot 3 \cdot 4 \cdot 5 \cdot 6} + \cdots = \cos x$$

$$\sin(-x) = -x + \frac{x^3}{1 \cdot 2 \cdot 3} - \frac{x^5}{1 \cdot 2 \cdot 3 \cdot 4 \cdot 5} + \cdots = -\sin x \text{ (vergl. Erkl. 141)}$$

Ferner gibt:
$e^{ix} \cdot e^{-ix} = e^{ix - ix} = e^0 = 1$ (nach Erkl. 24)
und
$(\cos x + i \sin x) \cdot (\cos x - i \sin x) = \cos^2 x + \sin^2 x$
Da:
$e^{ix} \cdot e^{-ix} = \cos^2 x + \sin^2 x$
ist, so muss:
$\cos^2 x + \sin^2 x = 1$
sein, was (nach Erkl. 180) richtig ist.

Erkl. 213. Die Gleichungen:

$$1 - \frac{x^2}{1 \cdot 2} + \frac{x^4}{1 \cdot 2 \cdot 3 \cdot 4} - \cdots = \cos x$$

und

$$x - \frac{x^3}{1 \cdot 2 \cdot 3} + \frac{x^5}{1 \cdot 2 \cdot 3 \cdot 4 \cdot 5} - \cdots = \sin x$$

sind zuerst von Newton (geb. 1643, gest. 1727) entwickelt worden. Euler (geb. 1707, gest. 1783) hat diese aus den Werten von $\cos xy$ und $\sin xy$ abgeleitet.
(Siehe Baltzer, Elemente der Mathematik I, Seite 188, Anm.)

Antwort. Da nach vorstehender Antwort:

$$e^x = 1 + x + \frac{x^2}{1 \cdot 2} + \frac{x^3}{1 \cdot 2 \cdot 3} + \frac{x^4}{1 \cdot 2 \cdot 3 \cdot 4} + \cdots$$

ist, so gibt:

$$e^{ix} = 1 + ix + \frac{i^2 x^2}{1 \cdot 2} + \frac{i^3 x^3}{1 \cdot 2 \cdot 3} + \frac{i^4 x^4}{1 \cdot 2 \cdot 3 \cdot 4} + \cdots$$

oder, weil:

$i^2 = -1$
$i^3 = -i$
$i^4 = 1$ u. s. w.

ist (siehe Antwort auf Frage 5):

$$e^{ix} = 1 + ix - \frac{x^2}{1 \cdot 2} - \frac{i x^3}{1 \cdot 2 \cdot 3} + \frac{x^4}{1 \cdot 2 \cdot 3 \cdot 4} - \cdots$$

oder:

$$= \left(1 - \frac{x^2}{1 \cdot 2} + \frac{x^4}{1 \cdot 2 \cdot 3 \cdot 4} - \frac{x^6}{1 \cdot 2 \cdot 3 \cdot 4 \cdot 5 \cdot 6} + \cdots\right)$$
$$+ i \cdot \left(x - \frac{x^3}{1 \cdot 2 \cdot 3} + \frac{x^5}{1 \cdot 2 \cdot 3 \cdot 4 \cdot 5} - \cdots\right)$$

Ebenso erhält man für:

$$e^{-ix} = \left(1 - \frac{x^2}{1 \cdot 2} + \frac{x^4}{1 \cdot 2 \cdot 3 \cdot 4} - \frac{x^6}{1 \cdot 2 \cdot 3 \cdot 4 \cdot 5 \cdot 6} + \cdots\right)$$
$$- i \cdot \left(x - \frac{x^3}{1 \cdot 2 \cdot 3} + \frac{x^5}{1 \cdot 2 \cdot 3 \cdot 4 \cdot 5} - \cdots\right)$$

Nun kann man für:

$$\left(1 - \frac{x^2}{1 \cdot 2} + \frac{x^4}{1 \cdot 2 \cdot 3 \cdot 4} - \frac{x^6}{1 \cdot 2 \cdot 3 \cdot 4 \cdot 5 \cdot 6} + \cdots\right) = \cos x$$

und für:

$$\left(x - \frac{x^3}{1 \cdot 2 \cdot 3} + \frac{x^5}{1 \cdot 2 \cdot 3 \cdot 4 \cdot 5} - \cdots\right) = \sin x$$

setzen, weil diese beiden Klammerausdrücke sämtliche Eigenschaften von $\cos x$ bezw. $\sin x$ besitzen, was immer auch für x eingesetzt werden möge (siehe Erkl. 212).

Erkl. 214. In e^{ix} bedeutet x einen, mit dem Halbmesser $=1$ beschriebenen und durch Teile desselben dargestellten Kreisbogen, während x in $\cos x + i \sin x$ den Winkel bedeutet, welcher zu jenem Bogen gehört.

Erkl. 215. Aus der Exponentialreihe lässt sich ein neuer Beweis des Moivreschen Satzes (siehe Erkl. 156) herleiten.
Da:
$$e^{ix} = \cos x + i \sin x$$
ist, so ist auch:
$$e^{2ix} = \cos 2x + i \sin 2x$$
oder allgemein:
$$e^{nix} = \cos nx + i \sin nx$$

Demnach ist:
$$e^{ix} = \cos x + i \cdot \sin x$$
und
$$e^{-ix} = \cos x - i \cdot \sin x \text{ (vgl. Erkl. 214)}$$
Setzt man für $x = 2k\pi$ ein, so erhält man:
$$e^{2k\pi i} = \cos 2k\pi + i \sin 2k\pi$$
oder, weil:
$$\cos 2k\pi = 1$$
und
$$\sin 2k\pi = 0$$
ist, wenn k eine positive Ganzzahl (einschliesslich 0) bedeutet (siehe Erkl. 162 und Antwort auf Frage 82):
$$e^{2k\pi i} = 1$$
Ist $x = (2k+1)\pi$, so ergibt sich:
$$e^{(2k+1)i\pi} = \cos(2k+1)\pi + i\sin(2k+1)\pi$$
oder, weil:
$$\cos(2k+1)\pi = -1$$
und
$$\sin(2k+1)\pi = 0$$
ist (nach Antwort auf Frage 82):
$$e^{(2k+1)i\pi} = -1$$

---

b) Ueber die Berechnung von i^i.

Frage 96. Was erhält man für:
$$\sqrt{-1}^{\sqrt{-1}} ?$$

Erkl. 216. Die Lösung des Problems i^i stammt von Euler.

Antwort. Setzt man in die Gleichung:
$$e^{ix} = \cos x + i \sin x$$
statt x ein $\frac{\pi}{2}$, so erhält man:
$$e^{\frac{i\pi}{2}} = \cos\frac{\pi}{2} + i\sin\frac{\pi}{2} = \cos 90^0 + i \sin 90^0 = 0 + i = +i$$

Demnach ist:

Nun gibt: $\left(e^{\frac{i\pi}{2}}\right)^i = i^i$

$$\left(\frac{i\pi}{2}\right) \cdot i = \frac{i^2\pi}{2} = -\frac{\pi}{2}$$

folglich ist:

i^i oder $\sqrt{-1}^{\sqrt{-1}} = e^{-\frac{\pi}{2}}$ oder $= \dfrac{1}{e^{\frac{\pi}{2}}}$ (nach Erkl. 94)

(vergl. Erkl. 216)

---

c) Ueber die Darstellung von $l(a+bi)$.

Frage 97. Wie lässt sich: $l(a+bi)$ bilden?

Antwort. Da:
$$e^{\varphi i} = \cos\varphi + i \sin\varphi$$
(nach Antwort auf Frage 95)

Erkl. 217. Die auf die Basis $e = 2{,}71828 \cdots$ bezogenen Logarithmen heissen **natürliche** oder nach ihrem Erfinder **Napier** (1614) die **Napier'schen**; alle Logarithmen, welche eine andere Basis besitzen (z. B. die Basis 10), nennt man **künstliche**. Die natürlichen Logarithmen bezeichnet man mit log nat (logarithmus naturalis), d. h. natürlicher Logarithmus) oder kurz mit l. Die auf die Basis 10 bezogenen Logarithmen heissen **gemeine** oder nach ihrem Erfinder **Briggs** (geb. 1556, gest. 1630) die **Briggs'chen** Logarithmen. Man bezeichnet sie einfach mit log (siehe die Erkl. 206, 207, 209 und 210). Die natürlichen Logarithmen werden hauptsächlich in der höheren, die gemeinen in der niederen Mathematik benutzt.

Erkl. 218. Ein Satz aus der Logarithmenrechnung lautet:

„Der Logarithmus der Basis ist gleich 1."

Erkl. 219. Der Logarithmus einer Wurzel ist gleich dem Logarithmus des Radikandus, geteilt durch den Wurzelexponenten.

und
$$a + bi = r \cdot (\cos\varphi + i\sin\varphi)$$
(nach Antwort auf Frage 57)

ist, so gibt:
$$a + bi = r \cdot e^{\varphi i}$$

und
$$l(a+bi) = l(r \cdot e^{\varphi i})$$

oder:
$$= lr + \varphi i \cdot le \quad \text{(n. Erkl. 206a)}$$

oder, weil $le = 1$ ist (nach Erkl. 218):
$$l(a+bi) = lr + \varphi i$$

Hierin bedeutet:

$r = \sqrt{a^2 + b^2}$ (nach Antw. auf Frage 55)
und φ einen, mit dem Halbmesser $= 1$ beschriebenen Kreisbogen, dessen Tangente $= \dfrac{b}{a}$ ist (siehe Erkl. 98 und 98a), also:

$$\varphi = \operatorname{arc\,tg} \frac{b}{a}$$

Man erhält demnach:
$$l(a+bi) = l \cdot \sqrt[2]{a^2 + b^2} + i \cdot \operatorname{arc\,tg} \frac{b}{a}$$

oder endlich, weil:
$$l\sqrt[2]{a^2 + b^2} = \frac{1}{2} \cdot l(a^2 + b^2)$$

ist (nach Erkl. 219):
$$l(a+bi) = \frac{1}{2} l(a^2 + b^2) + i \cdot \operatorname{arc\,tg} \frac{b}{a}$$

---

d) Ueber die Darstellung von $\cos^n\varphi$ und $\sin^n\varphi$ durch Exponentialreihen.

Frage 98. Wie lässt sich:
$$\cos^n\varphi$$
durch Exponentialreihen darstellen?

Erkl. 220. Man erhält für:
$e^{(n-1)i\varphi} \cdot e^{-i\varphi} = e^{(n-1)i\varphi - i\varphi}$ (nach Erkl. 23)
oder:
$$= e^{ni\varphi - i\varphi - i\varphi} = e^{ni\varphi - 2i\varphi} = e^{(n-2)i\varphi}$$
(nach Erkl. 26)

ferner für:
$e^{(n-2)i\varphi} + e^{-2i\varphi} = e^{(n-2)i\varphi - 2i\varphi} =$
$e^{ni\varphi - 2i\varphi - 2i\varphi} = e^{ni\varphi - 4i\varphi} = e^{(n-4)i\varphi}$
und so fort.

Antwort. Aus den Gleichungen:
$$e^{i\varphi} = \cos\varphi + i\sin\varphi$$
und
$$e^{-i\varphi} = \cos\varphi - i\sin\varphi$$
folgt:
$$e^{i\varphi} + e^{-i\varphi} = \cos\varphi + i\sin\varphi + \cos\varphi - i\sin\varphi$$
$$= 2\cos\varphi$$

Demnach ist:
$$2^n \cdot \cos^n\varphi = (e^{i\varphi} + e^{-i\varphi})^n$$

oder nach dem **binomischen Lehrsatze**:
$$2^n \cdot \cos^n\varphi = e^{ni\varphi} + n \cdot e^{(n-1)i\varphi} \cdot e^{-i\varphi}$$
$$+ \frac{n \cdot (n-1)}{1 \cdot 2} \cdot e^{(n-2)i\varphi} \cdot e^{-2i\varphi}$$
$$+ \frac{n \cdot (n-1) \cdot (n-2)}{1 \cdot 2 \cdot 3} \cdot e^{(n-3)i\varphi} \cdot e^{-3i\varphi} + \cdots$$
$$+ n \cdot e^{i\varphi} \cdot e^{-(n-1)i\varphi} + e^{-ni\varphi}$$

oder (nach Erkl. 220):

154   Das Rechnen mit imaginären und komplexen Zahlen.

$$2^n \cdot \cos^n\varphi = e^{ni\varphi} + n e^{(n-2)i\varphi} + \frac{n\cdot(n-1)}{1\cdot 2}\cdot e^{(n-4)i\varphi} + \frac{n\cdot(n-1)\cdot(n-2)}{1\cdot 2\cdot 3}\cdot$$
$$e^{(n-6)i\varphi} + \cdots + n\cdot e^{-(n-2)i\varphi} + e^{-ni\varphi}$$

oder, indem man das erste und letzte, zweite und vorletzte Glied u. s. w. zusammenfasst und die ganze Gleichung durch 2^n teilt:

$$\cos^n\varphi = \frac{1}{2^n}\cdot\left[(e^{ni\varphi} + e^{-ni\varphi}) + n\cdot(e^{(n-2)i\varphi} + e^{-(n-2)i\varphi}) + \frac{n\cdot(n-1)}{1\cdot 2}\cdot\right.$$
$$\left.(e^{(n-4)i\varphi} + e^{-(n-4)i\varphi}) + \cdots\right] \quad \text{(siehe Frage 100)}$$

Frage 99. Wie lässt sich:
$$\sin^n\varphi$$
durch Exponentialreihen darstellen?

Antwort. Aus den Gleichungen:
$$e^{i\varphi} = \cos\varphi + i\sin\varphi$$
und
$$e^{-i\varphi} = \cos\varphi - i\sin\varphi$$
folgt:
$$e^{i\varphi} - e^{-i\varphi} = \cos\varphi + i\sin\varphi - \cos\varphi + i\sin\varphi$$
$$= 2i\sin\varphi$$

Demnach ist:
$$2^n\cdot i^n\cdot\sin^n\varphi = (e^{i\varphi} - e^{-i\varphi})^n$$

oder nach dem binomischen Lehrsatze:

$$2^n\cdot i^n\cdot\sin^n\varphi = e^{ni\varphi} - n\cdot e^{(n-1)i\varphi}\cdot e^{-i\varphi} + \frac{n\cdot(n-1)}{1\cdot 2}\cdot e^{(n-2)i\varphi}\cdot e^{-2i\varphi} + \frac{n\cdot(n-1)\cdot(n-2)}{1\cdot 2\cdot 3}\cdot$$
$$e^{(n-3)i\varphi}\cdot e^{-3i\varphi} - \cdots \mp n\cdot e^{i\varphi}\cdot e^{-(n-1)i\varphi} \pm e^{-ni\varphi}$$

Ist n eine gerade Zahl, so ist $e^{-ni\varphi}$ positiv, also $n\cdot e^{i\varphi}\cdot e^{-(n-1)i\varphi}$ negativ (siehe Erkl. 202) und man erhält demnach mit Bezug auf Erkl. 220

bei geradem n
für:
$$2^n\cdot i^n\cdot\sin^n\varphi = e^{ni\varphi} - n\cdot e^{(n-2)i\varphi} + \frac{n\cdot(n-1)}{1\cdot 2}\cdot e^{(n-4)i\varphi} - \frac{n\cdot(n-1)\cdot(n-2)}{1\cdot 2\cdot 3}\cdot$$
$$e^{(n-6)i\varphi} - \cdots - n\cdot e^{-(n-2)i\varphi} + e^{-ni\varphi}$$

oder, indem man die ganze Gleichung durch $2^n\cdot i^n$ teilt:

$$\sin^n\varphi = \frac{1}{2^n\cdot i^n}\cdot\left[(e^{ni\varphi} + e^{-ni\varphi}) - n\cdot(e^{(n-2)i\varphi} + e^{-(n-2)i\varphi}) + \frac{n\cdot(n-1)}{1\cdot 2}\cdot\right.$$
$$\left.(e^{(n-4)i\varphi} + e^{-(n-4)i\varphi}) - \cdots\right]$$

Ist n eine ungerade Zahl, so ist das letzte Glied der Reihe negativ, das vorletzte positiv (nach Erkl. 202) und es gibt hiernach

bei ungeradem n:
$$2^n\cdot i^n\cdot\sin^n\varphi = e^{ni\varphi} - n\cdot e^{(n-2)i\varphi} + \frac{n\cdot(n-1)}{1\cdot 2}\cdot e^{(n-4)i\varphi} - \frac{n\cdot(n-1)\cdot(n-2)}{1\cdot 2\cdot 3}\cdot$$
$$e^{(n-6)i\varphi} - \cdots + n\cdot e^{-(n-2)i\varphi} - e^{-ni\varphi}$$

oder endlich:
$$\sin^n\varphi = \frac{1}{2^n\cdot i^n}\cdot\left[(e^{ni\varphi} - e^{-ni\varphi}) - n\cdot(e^{(n-2)i\varphi} + e^{-(n-2)i\varphi}) + \frac{n\cdot(n-1)}{1\cdot 2}\cdot\right.$$
$$\left.(e^{(n-4)i\varphi} - e^{-(n-4)i\varphi}) - \cdots\right]$$

Frage 100. Wie lassen sich die in den Antworten auf die Fragen 98 und 99 abgeleiteten Formeln für:

$$\cos^n\varphi \text{ und } \sin^n\varphi$$

vereinfachen?

Erkl. 221. Wie aus nebenstehender Antwort ersichtlich ist, lassen sich mit Hülfe der Exponentialreihe genau dieselben Formeln für $\sin^n\varphi$ und $\cos^n\varphi$ ableiten, welche in den Antworten auf die Fragen 90 und 91 auf einem anderen Wege entwickelt worden.

Antwort. Da nach der Antwort auf Frage 99:

$$e^{ni\varphi} + e^{-ni\varphi} = 2\cos n\varphi$$

also auch:

$$e^{(n-2)i\varphi} + e^{-(n-2)i\varphi} = 2\cos(n-2)\varphi$$

und

$$e^{(n-4)i\varphi} + e^{-(n-4)i\varphi} = 2\cos(n-4)\varphi$$

u. s. w.

ist, so erhält man für:

$$\cos^n\varphi = \frac{1}{2^n} \cdot \Big[(e^{ni\varphi} + e^{-ni\varphi}) + n\cdot(e^{(n-2)i\varphi} + e^{-(n-2)i\varphi}) + \frac{n\cdot(n-1)}{1\cdot 2} \cdot (e^{(n-4)i\varphi} + e^{-(n-4)i\varphi}) + \cdots \Big]$$

$$\cos^n\varphi = \frac{1}{2^n} \cdot \Big[2\cos n\varphi + 2n\cos(n-2)\varphi + \frac{2n\cdot(n-1)}{1\cdot 2}\cdot \cos(n-4)\varphi + \cdots \Big]$$

oder, da sämtliche Glieder der eckigen Klammern den Faktor 2 besitzen, welchen man vor die Klammer setzen und gegen 2^n im Nenner fortheben kann:

$$\cos^n\varphi = \frac{1}{2^{n-1}} \cdot \Big[\cos n\varphi + n\cdot\cos(n-2)\varphi + \frac{n\cdot(n-1)}{1\cdot 2}\cdot\cos(n-4)\varphi + \cdots \Big]$$

(vergl. Erkl. 221)

Ferner ergibt sich

bei geradem n

für:

$$\sin^n\varphi = \frac{1}{2^n\cdot i^n} \cdot \Big[(e^{ni\varphi} + e^{-ni\varphi}) - n\cdot(e^{(n-2)i\varphi} + e^{-(n-2)i\varphi}) + \frac{n\cdot(n-1)}{1\cdot 2} \cdot (e^{(n-4)i\varphi} + e^{-(n-4)i\varphi}) - \cdots \Big]$$

$$\sin^n\varphi = \frac{1}{2^n\cdot i^n} \cdot \Big[2\cos n\varphi - 2n\cos(n-2)\varphi + \frac{2n\cdot(n-1)}{1\cdot 2}\cdot\cos(n-4)\varphi - \cdots \Big]$$

oder, weil:

$$i^n = i^{2\cdot\left(\frac{n}{2}\right)} = (-1)^{\frac{n}{2}}$$

ist und sich der Faktor 2 sämtlicher Glieder der eckigen Klammer gegen 2^n im Nenner forthebt:

$$\sin^n\varphi = \frac{1}{2^{n-1}\cdot(-1)^{\frac{n}{2}}} \cdot \Big[\cos n\varphi - n\cdot\cos(n-2)\varphi + \frac{n\cdot(n-1)}{1\cdot 2}\cdot\cos(n-4)\varphi - \cdots \Big]$$

Endlich erhält man, weil:

$$e^{ni\varphi} - e^{-ni\varphi} = 2i\sin n\varphi$$

also auch:

$$e^{(n-2)i\varphi} - e^{-(n-2)i\varphi} = 2i\sin(n-2)\varphi$$

und

$$e^{(n-4)i\varphi} - e^{-(n-4)i\varphi} = 2i\sin(n-4)\varphi$$

u. s. w.

ist (nach der Antwort auf Frage 99)

für: **bei ungeradem n**

$$\sin^n\varphi = \frac{1}{2^n\cdot i^n} \cdot \Big[2i\sin n\varphi - 2n\,i\sin(n-2)\varphi + \frac{2\cdot n\cdot(n-1)}{1\cdot 2}\,i\sin(n-4)\varphi - \cdots \Big]$$

oder, weil sich die Faktoren 2 und i sämtlicher Glieder der Klammer gegen 2^n bezw. i^n im Nenner fortheben und ist:

$$i^{n-1} = i^{2 \cdot \left(\frac{n-1}{2}\right)} = (-1)^{\frac{n-1}{2}}$$

$$\sin^n \varphi = \frac{1}{2^{n-1} \cdot (-1)^{\frac{n-1}{2}}} \cdot \left[\sin n\varphi - n \cdot \sin(n-2)\varphi + \frac{n \cdot (n-1)}{1 \cdot 2} \cdot \sin(n-4)\varphi - \cdots\right]$$

(vergl. Erkl. 221)

Anhang.

A. Verzeichnis der Resultate der ungelösten Aufgaben.

1) Imaginäre Zahlen.

Aufgabe 3. $\sqrt[2]{-121} = \pm 11 i$; reeller Faktor rational

Aufgabe 4. $\sqrt[2]{-5} = \pm 2{,}236 \cdots i$; reeller Faktor irrational

Aufgabe 6. a) $+1$, b) $+i$, c) -1, d) $-i$, e) $+1$, f) $-i$, g) -1, h) $+i$

Aufgabe 8. a) $-2i$, b) $-\frac{194 x^2 y i}{117 z^2}$, c) $+59 i \sqrt{5}$, d) $-\frac{ai}{3b} \sqrt{\frac{a}{b}}$, e) $+5 i \sqrt{7}$, f) $+\frac{i}{x} \sqrt{\frac{y}{x}}$

Aufgabe 10. a) $+a^8$, b) $-\frac{x^4 y^2}{z^2}$, c) $-10 i$, d) $-6 \cdot \left(3\sqrt{2} - 4\sqrt{\frac{3}{2}}\right)$, e) $y^2(z-x)$, f) $2 \cdot (3\sqrt{10} - 8)$, g) $+6$, h) $-(616{,}5 + 822 \cdot \sqrt{y})i = 545{,}808 i$

Aufgabe 13. a) -24, b) $+\frac{y}{x} i \sqrt{x}$, c) $-2{,}7$, d) $2\frac{1}{4}(1+i)$, e) $+3 i$, f) $-3\frac{3}{20} + 1\frac{1}{2} i$

Aufgabe 16. a) 64, b) $64 i \sqrt{2}$, c) -128, d) $-128 i \sqrt{2}$, e) $\frac{1}{36}$, f) $-\frac{i}{36 \cdot \sqrt{6}}$, g) $-\frac{1}{216}$, h) $+\frac{i}{216 \cdot \sqrt{6}}$

Aufgabe 17. a) $+\frac{a^2 b}{c}$, b) $-32 i \cdot \sqrt{\frac{1}{8}}$, c) $-a^{10} b^{10} \sqrt{ab}$, d) $-60\frac{3}{4}$, e) $+\frac{20}{2187}$

2) Komplexe Zahlen.

Aufgabe 19. a) $+5 - 33 i$, b) $1 + i$, c) 0; d) $+3{,}8 i$, e) $-18 + 4\frac{3}{4} i$, f) $+24 - 57 i$, g) $+\frac{14 x}{y^2 z^3}$

Aufgabe 23. a) $0{,}06 i - 0{,}08 = 0{,}03(2 i - 1)$, b) $8 - i$, c) 25, d) $\frac{8}{9}$, e) $x \cdot (1 - \sqrt{y} + y) + y i \sqrt{x}$, f) $a^2 - b^2 + c^2 - 2 bci$, g) $-41 + i\left(30 - 42 - 28\sqrt{\frac{3}{2}} + 30\sqrt{\frac{2}{3}}\right) = -41 - 22{,}82 i = -(41 + 22{,}82 i)$, h) $+\frac{4}{3}$

Aufgabe 24. Norm $= +225$, Modulus $= +15$

Aufgabe 25. Norm $= +2025$, Modulus $= +45$

Aufgabe 28. a) $-\frac{1}{29}\cdot(19+4i)$, b) $+\frac{1}{11}\cdot(5-4i\sqrt{6})$, c) $0{,}2299-0{,}9974i$, d) $+2i$.
e) $+1$, f) $2\cdot(3+i\sqrt{3})$, g) $3\frac{9}{13}+5\frac{7}{13}i$, h) $0{,}0414-0{,}5428i$.
i) $0{,}1824\cdots+0{,}06289\cdots i$

Aufgabe 29. Norm $=\frac{81}{100}$, Modulus $=\frac{9}{10}$

Aufgabe 35. a) $-164+8360i$, b) $8\cdot(1-i)$, c) $\frac{666-418i}{614125}$.
d) $-465-581i = -3\cdot(155+177i)$

Aufgabe 36. $+48i$

Aufgabe 37. Die erste Potenz gibt: $2\cdot\sqrt{\frac{1}{3}}-3\cdot\sqrt{-\frac{1}{3}}$, die zweite: $-1\frac{2}{3}-4i$,

die dritte: $-\sqrt{\frac{1}{3}}\cdot\left(15\frac{1}{3}+3i\right)$, die vierte: $-13\frac{2}{9}+13\frac{1}{3}\cdot i$.

die fünfte: $+\sqrt{\frac{1}{3}}\cdot\left(13\frac{5}{9}+66\frac{1}{3}i\right)$

Aufgabe 40. a) $\pm\sqrt{\frac{1}{2}}\cdot(3+i)$, b) $\pm\sqrt{\frac{1}{2}}\cdot(1-5i)$, c) $\pm\sqrt{\frac{11}{2}}\cdot(1+i)$,
d) $2(1-\sqrt{6})+i(4+\sqrt{6}) = -2{,}898\cdots+6{,}449\cdots i$, e) $\frac{43-19i}{26}$.

f) $\frac{5x}{z}\cdot\sqrt{r}-2xi\cdot\sqrt{\frac{y}{r}}$, g) $\pm 2\cdot\sqrt{\frac{2+\sqrt{68}}{2}} = \pm 2\cdot\sqrt{1+\sqrt{17}}$

---

3) Graphische und trigonometrische Darstellung der imaginären und komplexen Zahlen.

Aufgabe 42. a) Der Modulus ist:
$r_1 = \sqrt{0{,}5^2+1{,}5^2} = \sqrt{2{,}5} = 1{,}58\cdots$
der die Komplexe darstellende Punkt ist p_1 (Figur 28).

b) Der Modulus ist:
$r_2 = \sqrt{1{,}5^2+2{,}5^2} = \sqrt{8{,}5} = 2{,}9\cdots$
der die Komplexe darstellende Punkt ist p_2.

c) $r_3 = \sqrt{3^2+3^2} = \sqrt{18} = 4{,}24\cdots$
der Punkt von $-3+\sqrt{-9}$ ist p_3.

d) $r_4 = \sqrt{3{,}5^2+3{,}5^2} = \sqrt{24{,}5} = 4{,}949\cdots$
der Punkt von:
$+i\cdot\sqrt{-12{,}25}-\sqrt{-12{,}25}$
ist p_4.

Figur 28.

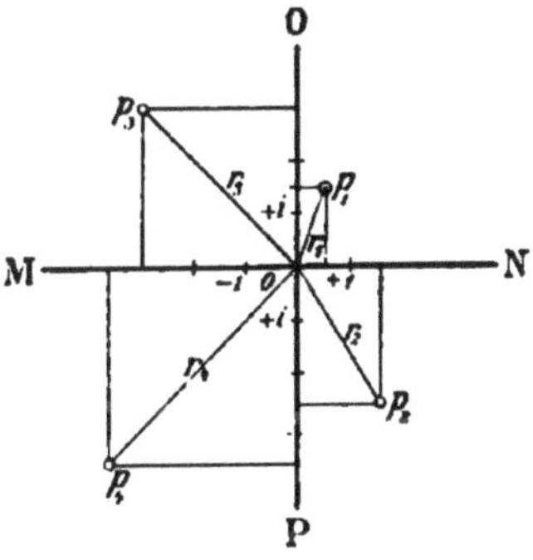

Aufgabe 44. a) $r=\sqrt{25}=5$; $\varphi = 36°52'12''$; $4+3i = 5\cdot(\cos 36°52'12'' + i\sin 36°52'12'')$
b) $r=\sqrt{1754}=$ rund 48; $\varphi = 180° - 33°18'38'' = 146°41'22''$;
$-35+23i = 48\cdot(\cos 146°41'22'' + i\sin 146°41'22'')$
c) $r=\sqrt{324}=18$; $\varphi = 360° - 89°31'10'' = 320°28'50''$;
$13-\sqrt{-155} = 18\cdot(\cos 320°28'50'' + i\sin 320°28'50'')$
d) $r=\sqrt{121}=11$; $\varphi = 180° + 65°22'42'' = 245°22'42''$;
$-\sqrt{21}-10i = 11\cdot(\cos 245°22'42'' + i\sin 245°22'42'')$

4) Das graphische und trigonometrische Rechnen mit imaginären und komplexen Zahlen.

Aufgabe 48. Der die komplexe Zahl $+2-3i$ darstellende Punkt ist p_1, der von $-3+2i$: p_2, der von $+5+3i$: p_3, der von der Summe dieser Komplexen: p_4 (Figur 29).

$2-3i = r_1 \cdot (\cos\varphi_1 + i\sin\varphi_1)$
$= 3{,}6056 \cdot (\cos 303°41'23'' + i\sin 303°41'23'')$
oder:
$= 3{,}6056 \cdot (\cos 56°18'37'' - i\sin 56°18'37'')$
$-3+2i = r_2 \cdot (\cos\varphi_2 + i\sin\varphi_2)$
$= 3{,}6056 \cdot (\cos 146°18'36'' + i\sin 146°18'36'')$
oder:
$= 3{,}6056 \cdot (-\cos 33°41'24'' + i\sin 33°41'24'')$
$+5+3i = r_3 \cdot (\cos\varphi_3 + i\sin\varphi_3)$
$= 5{,}831 \cdot (\cos 30°57'51'' + i\sin 30°57'51'')$
$(+2-3i) + (-3+2i) + (+5+3i)$
$= +4+2i = r \cdot (\cos\varphi + i\sin\varphi)$
$= 4{,}4721 \cdot (\cos 26°33'54'' + i\sin 26°33'54'')$

Figur 29.

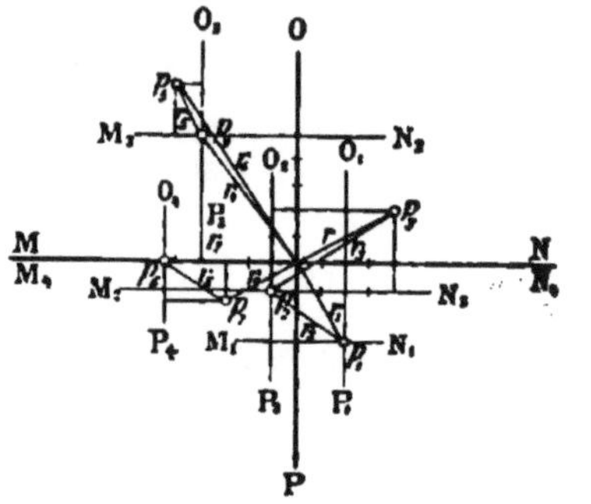

Aufgabe 49. (Figur 29.) Der die komplexe Zahl $-4+5i$ darstellende Punkt ist p_4 (bezogen auf $MNOP$); der Punkt von $-(+1-2i)$ oder $-1+2i$ ist p_5 (bezogen auf $M_4 N_4 O_4 P_4$); der Punkt der Differenz ist p_6 (bezogen auf $MNOP$).

$-4+5i = r_4 \cdot (\cos\varphi_4 + i\sin\varphi_4) = 6{,}403 \cdot (\cos 128°39'36'' + i\sin 128°39'36'')$
oder $= 6{,}403 \cdot (-\cos 51°20'24'' + i\sin 51°20'24'')$
$-(+1-2i) = -1+2i = r_5 \cdot (\cos\varphi_5 + i\sin\varphi_5)$
$= 2{,}2361 \cdot (\cos 116°33'56'' + i\sin 116°33'56'')$
oder $= 2{,}2361 \cdot (-\cos 63°26'4'' + i\sin 63°26'4'')$
$(-4+5i) - (+1-2i) = r_6 \cdot (\cos\varphi_6 + i\sin\varphi_6)$
$= 8{,}6023 \cdot (\cos 125°32'20'' + i\sin 125°32'20'')$
oder $= 8{,}6023 \cdot (-\cos 54°27'40'' + i\sin 54°27'40'')$

Aufgabe 50. (Figur 29.) Der die reelle Zahl darstellende Punkt ist p_6 (bezogen auf $MNOP$), der von $-(-2{,}5+1{,}5i) = +2{,}5-1{,}5i$ ist p_7 (bezogen auf $M_4 N_4 O_4 P_4$).

$-5{,}5 = r_7 \cdot (\cos\varphi_7 + i\sin\varphi_7) = 5{,}5 \cdot (\cos 180° + i\sin 180°)$
$= 5{,}5 \cdot (-\cos 0° + i\sin 0°)$
$-(-2{,}5+1{,}5i) = +2{,}5-1{,}5i = r_8 \cdot (\cos\varphi_8 + i\sin\varphi_8)$
$= 2{,}916 \cdot (\cos 329°2'9'' + i\sin 329°2'9'')$
oder $= 2{,}916 \cdot (\cos 30°57'51'' + i\sin 30°57'51'')$
$-5{,}5 - (-2{,}5+1{,}5i) = -3-1{,}5i = r_9 \cdot (\cos\varphi_9 + i\sin\varphi_9)$
$= 3{,}354 \cdot (\cos 206°33'54'' + i\sin 206°33'54'')$
oder $= 3{,}354 \cdot (\cos 26°33'54'' - i\sin 26°33'54'')$

Aufgabe 54.

$-2-i = 2{,}236 \cdot$
$(\cos 206°33'54'' + i\sin 206°33'54'')$
dargestellt durch p_1 (Figur 30).

$(-3+2i) = 3{,}6056 \cdot$
$(\cos 146°18'36'' + i\sin 146°18'36'')$
dargestellt durch p_2.

$(-2-i) \cdot (-3+2i) = 2{,}236 \cdot 3{,}6056 \cdot$
$(\cos 352°52'30'' + i\sin 352°52'30'')$
oder auch:
$= 8{,}06 \cdot (\cos 7°7'30'' - i\sin 7°7'30'')$
dargestellt durch p_3.

Figur 30.

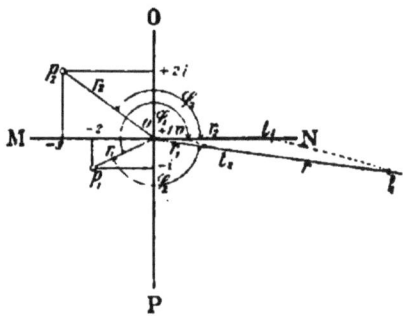

Verzeichnis der Resultate der ungelösten Aufgaben. 159

Figur 31.

Aufgabe 55.
$-4+5i = 6{,}403 \cdot$
$(\cos 128°39'36'' + i\sin 128°39'36'')$
dargestellt durch p_1, (Figur 31).
$-2i = 2 \cdot (\cos 270° + i \sin 270°)$
dargestellt durch p_2.
$(-4+5i) \cdot (-2i) = 12{,}806 \cdot$
$(\cos 398°39'36'' + i\sin 398°39'36'')$
oder auch:
$= 12{,}806 \cdot$
$(\cos 38°39'36'' + i\sin 38°39'36'')$
dargestellt durch p_3.

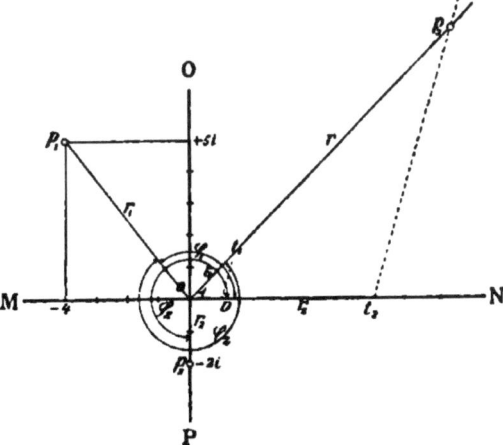

Aufgabe 56. $-2+5i = 5{,}385 \cdot (\cos 111°48'7'' + i\sin 111°48'7'')$, dargestellt durch p_1 (Fig. 32).
$-2-5i = 5{,}385 \cdot (\cos 248°11'53'' + i\sin 248°11'53'')$, dargestellt durch p_2,
$(-2+5i) \cdot (-2-5i) = 5{,}385^2 \cdot (\cos 360° + i\sin 360°)$
$= 29$, dargestellt durch p_3.

Figur 32.

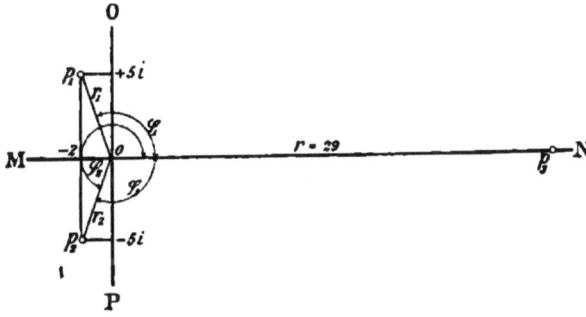

Aufgabe 58. a) Der den gegebenen Quotienten darstellende Punkt ist p_3 (Figur 33, siehe nächste Seite).
$2+5i = r_1 \cdot (\cos\varphi_1 + i\sin\varphi_1) = 5{,}385 \cdot (\cos 68°11'53'' + i\sin 68°11'53'')$
$1-4i = r_2 \cdot (\cos\varphi_2 + i\sin\varphi_2) = 4{,}123 \cdot (\cos 284°2'12'' + i\sin 284°2'12'')$
$$\frac{2+5i}{1-4i} = \frac{5{,}385}{4{,}123} \cdot [\cos(68°11'53'' - 284°2'12'') + i\sin(68°11'53'' - 284°2'12'')]$$
oder $= 1{,}306 \cdot (\cos 215°50'19'' - i\sin 215°50'19'')$
Der Modulus r des Quotienten schliesst mit der Achse der positiven reellen Zahlen einen Winkel von $360° - 215°50'19'' = 144°9'41''$ ein.

b) Der den gegebenen Quotienten $\dfrac{+2+i}{-4i}$ darstellende Punkt ist p_3 (Figur 34, siehe nächste Seite).

Verlag von Julius Maier in Stuttgart.

Lehrbuch der Goniometrie (Winkelmessungslehre) mit 307 Erklärungen und 52 in den Text gedruckten Figuren nebst einer Sammlung von 513 gelösten und ungelösten analogen Aufgaben. Von Ad. Kleyer. Preis: M. 7. —.

Lehrbuch der ebenen Trigonometrie. Eine Sammlung von 1049 gelösten, oder mit Andeutungen versehenen, trigonometrischen Aufgaben und 178 ungelösten, oder mit Andeutungen versehenen trigonometrischen Aufgaben aus der angewandten Mathematik. Mit 797 Erklärungen, 563 in den Text gedruckten Figuren und 65 Anmerkungen nebst einem ausführlichen Formelnverzeichnis von über 500 Formeln. Von Ad. Kleyer. Preis: M. 16. —.

Lehrbuch der sphärischen Trigonometrie. Nebst einer Sammlung gelöster Aufgaben. Mit 236 Erklärungen und 56 in den Text gedruckten Figuren und einem Formelnverzeichnis. Bearbeitet nach System Kleyer von Dr. W. Láska. Preis M. 4. 50.

Lehrbuch der Differentialrechnung. Erster Teil: Die einfache und wiederholte Differentiation explisierter Funktionen von einer unabhängigen Variablen. Ohne Anwendung der Grenzen- und der Nullen-Theorie und ohne Vernachlässigung von Grössen. Nebst einer Sammlung gelöster Aufgaben. Zweite Auflage. Von Ad. Kleyer. Preis: M. 5. —.

Lehrbuch der Integralrechnung. Erster Teil. Mit einer Sammlung von 592 gelösten Aufgaben. Für das Selbststudium, zum Gebrauch an Lehranstalten, sowie zum Nachschlagen von Integrationsformeln und -Regeln. Bearbeitet nach eigenem System und im Anschluss an das Lehrbuch der Differentialrechnung von Adolph Kleyer. Preis: Mark 10. —.

Lehrbuch der Wahrscheinlichkeitsrechnung. Mit 303 gelösten und ungelösten analogen Aufgaben, mit den Ergebnissen der ungelösten Aufgaben, 68 Erklärungen und 27 in den Text gedruckten Figuren. Nach System Kleyer bearbeitet von Dr. K. J. Bobek. Preis: M. 6. —.

Lehrbuch der sphärisch. und theoret. Astronomie und der mathematischen Geographie. Nebst einer Sammlung gelöster und ungelöster Aufgaben mit den Resultaten der ungelösten Aufgaben. Mit 328 Erklärungen, Formelnverzeichnis, 148 in den Text gedruckten Figuren und 2 Tafeln. Bearbeitet nach System Kleyer von Dr. W. Láska. Preis: Mark 6. —.

Lehrbuch der allgemeinen Physik. (Die Grundbegriffe und Grundsätze der Physik.) Mit 549 Erklärungen, 83 in den Text gedruckten Figuren und einem Formelverzeichnis, nebst einer Sammlung von 120 gelösten und ungelösten analogen Aufgaben, mit den Resultaten der ungelösten Aufgaben. Bearbeitet nach System Kleyer von Richard Klimpert. Preis: M. 8. —.

Lehrbuch der Elasticität und Festigkeit mit 212 Erklärungen, 186 in den Text gedruckten Figuren und einem ausführlichen Formelnverzeichnis, nebst einer Sammlung von 167 gelösten und ungelösten analogen Aufgaben, nebst den Resultaten der ungelösten Aufgaben. Bearbeitet nach System Kleyer von Richart Klimpert. Preis: M. 5. 50.

Lehrbuch der Statik flüssiger Körper (Hydrostatik) mit 425 Erklärungen, 300 in den Text gedruckten Figuren und einem Formelnverzeichnis, nebst einer Sammlung von 208 gelösten und analogen ungelösten Aufgaben. Bearbeitet nach System Kleyer von Richard Klimpert. Preis: M. 8. —.

Lehrbuch der Statik fester Körper (Geostatik) mit 291 Erklärungen und 380 in den Text gedruckten Figuren und einem ausführlichen Formelnverzeichnis nebst einer Sammlung von 359 gelösten und ungelösten analogen Aufgaben. Bearbeitet nach System Kleyer von Richard Klimpert. Preis: M. 9. —.

Lehrbuch der Dynamik fester Körper (Geodynamik) mit 690 Erklärungen, 380 in den Text gedruckten Figuren und einem ausführlichen Formelnverzeichnis nebst einer Sammlung von 500 gelösten und ungelösten analogen Aufgaben, mit den Resultaten der ungelösten Aufgaben. Bearbeitet nach System Kleyer von R. Klimpert. Preis: M. 13. 50.

Lehrbuch über die Percussion oder den Stoss fester Körper. Bearbeitet nach System Kleyer von Richard Klimpert. Separat-Abdruck aus Klimpert, Lehrbuch der Dynamik. Preis: M. 3. —.

Lehrbuch über das spezifische Gewicht fester, flüssiger und gasförmiger Körper. Mit 55 gelösten und analogen ungelösten Aufgaben, nebst den Resultaten der letzteren und 28 in den Text gedruckten Figuren. Preis: M. 2. —.

Lehrbuch des Magnetismus und des Erdmagnetismus nebst einer Sammlung von gelösten und ungelösten Aufgaben, erläutert durch 189 in den Text gedruckte Figuren und 10 Karten. Von Ad. Kleyer. Preis: M. 6. —.

Lehrbuch der Reibungselektricität (Friktions-Elektricität, statischen oder ruhenden Elektricität) erläutert durch 880 Erklärungen und 278 in den Text gedruckte Figuren, nebst einer Sammlung gelöster und ungelöster Aufgaben. Von Ad. Kleyer. Preis: M. 7. —.

Lehrbuch der Kontaktelektricität (Galvanismus) nebst einer Sammlung von gelösten und ungelösten Aufgaben. Mit 731 Erklärungen, 238 in den Text gedruckten Figuren und einem Formelnverzeichnis. Bearbeitet nach System Kleyer von Dr. Oscar May. Preis: M. 8. —.

Lehrbuch der Elektrodynamik (Erster Teil) mit 105 in den Text gedruckten Figuren. Bearbeitet nach System Kleyer von Dr. Oscar May. Preis: M. 3. —.

Lehrbuch des Elektromagnetismus mit 302 Erklärungen, 152 in den Text gedruckten Figuren und einem ausführlichen Formelnverzeichnis, nebst einer Sammlung gelöster Aufgaben. Bearbeitet nach System Kleyer von Dr. Oscar May und Adolf Krebs. Preis: M. 4. 50.

Lehrbuch der Induktionselektricität und ihrer Anwendungen (Elemente der Elektrotechnik). Mit 492 Erklärungen und 213 in den Text gedruckten Figuren nebst einer Sammlung gelöster Aufgaben. Bearbeitet nach System Kleyer von Dr. Adolf Krebs. Preis: M. 6. —.

Lehrbuch der angewandten Potentialtheorie. Mit 58 Erklärungen und 47 in den Text gedruckten Figuren nebst einer Sammlung von erläuternden Beispielen und Uebungsaufgaben. Bearbeitet nach System Kleyer von Dr. H. Hovestadt. Preis: M. 7. —.

Lehrbuch der reinen und technischen Chemie. Anorganische Experimental-Chemie. Erster Band: Die Metalloide. Mit 288 Erklärungen, 352 Experimenten und 366 in den Text gedruckten Figuren. Bearbeitet nach System Kleyer von Wilh. Steffen. Preis: M. 16. —.

Preisgekrönt in Frankfurt a. M. 1881.

Der ausführliche Prospekt und das ausführliche Inhaltsverzeichnis der „vollständig gelösten Aufgabensammlung von Dr. Ad. Kleyer" kann von jeder Buchhandlung, sowie von der Verlagshandlung gratis und portofrei bezogen werden.

Bemerkt sei hier nur:

1). Jedes Heft ist aufgeschnitten und gut brochiert um den sofortigen und dauernden Gebrauch zu gestatten.
2). Jedes Kapitel enthält sein besonderes Titelblatt, Inhaltsverzeichnis, Berichtigungen und Erklärungen am Schlusse desselben.
3). Auf jedes einzelne Kapitel kann abonniert werden.
4). Monatlich erscheinen 3—4 Hefte zu dem Abonnementspreise von 25 Pfg. pro Heft
5). Die Reihenfolge der Hefte im nachstehenden, kurz angedeuteten Inhaltsverzeichnis ist, wie aus dem Prospekt ersichtlich, ohne jede Bedeutung für die Interessenten.
6). Das Werk enthält Alles, was sich überhaupt auf mathematische Wissenschaften bezieht, alle Lehrsätze, Formeln und Regeln etc. mit Beweisen, alle praktischen Aufgaben in vollständig gelöster Form mit Anhängen ungelöster analoger Aufgaben und vielen vortrefflichen Figuren.
7). Das Werk ist ein praktisches Lehrbuch für Schüler aller Schulen, das beste Handbuch für Lehrer und Examinatoren, das vorzüglichste Lehrbuch zum Selbststudium, das vortrefflichste Nachschlagebuch für Fachleute und Techniker jeder Art.
8). Alle Buchhandlungen nehmen Bestellungen entgegen.

☞ Das vollständige
Inhaltsverzeichnis
der bis jetzt erschienenen Hefte
kann durch jede Buchhandlung bezogen werden.

Halbjährlich erscheinen Nachträge über die inzwischen neu erschienenen Hefte.

Druck von Carl Hammer in Stuttgart.